Ob in Partnerschaft, Familie, Kindererziehung oder im Beruf, beim Umgang mit Angst, Krankheit und Trauer – viele Fragen beschäftigen uns, auf die wir gerne Antworten hätten. Aber wo finden wir sie, wer kann sie uns geben?
Professor Dr. Raymond Battegay und Professor Dr. Nossrat Peseschkian, zwei ausgewiesene Psychotherapeuten, nehmen sich dieser Fragen an und beantworten sie – stets bezogen auf unsere Lebenswirklichkeit, mit einem Blick auf gesellschaftliche Zusammenhänge und mit einem positiven Menschenbild. Denn auch und gerade Menschen in Krisensituationen haben ein kreatives Potential, das sich weiterentwickeln lässt. Durch die Antworten der beiden Experten können wir so wieder zu einem positiven Lebensgefühl gelangen.

Nossrat Peseschkian, Prof. h.c., Dr. med., wurde 1933 in Persien geboren und lebt seit 1954 in Deutschland. Nach dem Studium in Freiburg i. Br., Mainz und Frankfurt am Main erhielt er seine psychotherapeutische Ausbildung in Deutschland, der Schweiz und den USA. Er ist Facharzt für Neurologie, Psychiatrie und Psychotherapeutische Medizin. Er ist Begründer der Positiven Psychotherapie und Dozent an der Akademie für ärztliche Fort- und Weiterbildung der Landesärztekammer Hessen sowie Leiter der Internationalen Akademie für Positive Psychotherapie und Transkulturelle Psychotherapie. 1997 erhielt er den Richard-Merten-Preis; 2006 das Bundesverdienstkreuz am Bande.
Raymond Battegay, Prof. Dr. med., war Ordinarius für Psychiatrie und Leiter der Psychiatrischen Universitätspoliklinik in Basel. Er ist Autor zahlreicher Bücher zu psychotherapeutischen Themen und Dozent an der Internationalen Akademie für Positive Psychotherapie in Wiesbaden.

Hinweise auf weitere Bücher der Autoren finden Sie im Literaturverzeichnis am Ende des Bandes.

Unsere Adresse im Internet: www.fischerverlage.de

Nossrat Peseschkian/Raymond Battegay

DIE TREPPE ZUM GLÜCK

50 Antworten auf die großen Fragen des Lebens

Fischer Taschenbuch Verlag

Originalausgabe
Veröffentlicht im Fischer Taschenbuch Verlag,
einem Unternehmen der S. Fischer Verlag GmbH,
Frankfurt am Main, Oktober 2006

Lektorat: Anita Jantzer

Satz: Fotosatz Otto Gutfreund GmbH, Darmstadt
Druck und Bindung: Druckerei C. H. Beck, Nördlingen
Printed in Germany
ISBN-13: 978-3-596-17112-5
ISBN-10: 3-596-17112-1

INHALT

GELEITWORT

Der Mensch, wie immer er auch psychisch und körperlich beschaffen sein mag und in welchen sozialen Bedingungen er auch lebt, hegt, außer in einer schwersten Depression, zutiefst die Hoffnung, dass er auch wieder eine bessere Zeit erleben werde. Hoffnung ist mit einem Lichtstrahl zu vergleichen, der oft selbst noch dann leuchtet, wenn der Mensch von Elend umgeben ist. Die einen sehen die Hoffnung in ihrer irdischen Zukunft, die anderen beim Abschiednehmen von dieser Welt in der Aufnahme in die göttliche Gerechtigkeit. Die Depressiven ihrerseits benötigen ärztliche Hilfe und Zuspruch ihrer mitmenschlichen Umgebung als Zeichen der Hoffnung.
Prof. Peseschkian wie ich wissen darum, dass niemand, auch Psychiater und Psychotherapeuten nicht, auf viele Fragen bindende und für alle Menschen gültige Antworten zu geben vermögen. Wichtig ist aber, wie ich in den Jahren meiner Freundschaft mit Prof. Peseschkian gelernt habe, in den anderen Menschen und in den Begebenheiten des Alltags nicht nur das Negative, sondern auch das Gute zu sehen. Wenn mir ein Patient sagt, er sei wenig wert und tauge zu nichts, so halte ich ihm entgegen, dass er sicher noch wahrzunehmen lerne, wie viel Gutes und Kreatives er in sich habe. Ich versichere ihm, dass ich gerne mit ihm zusammenarbeite, um das von ihm bisher noch nicht entdeckte Gute in ihm ans Tageslicht zu bringen und ihm damit ein selbstsicheres und freudigeres Leben zu ermöglichen.
1963 habe ich in der Basler Psychiatrischen Universitätsklinik, in der ich arbeitete, eine therapeutische Gruppe mit Schizo-

phrenen gebildet, die unter Sinnestäuschungen und Wahnideen litten; wir versammelten uns jede Woche einmal für eine Stunde. Während sie zu Beginn sehr ängstlich waren und kaum miteinander sprachen, änderte sich dies allmählich, nachdem ich sie immer wieder in Gespräche geführt hatte. Es entwickelte sich auch zwischen den Gruppenmitgliedern ein freundschaftlicher Kontakt. Nachdem ich im Jahre 1968 Leiter der Basler Psychiatrischen Universitätspoliklinik, die ziemlich weit entfernt von der Klinik im Zentrum der Stadt liegt, geworden war, besuchten zuerst alle Patienten die Gruppensitzungen von dort aus, und sie waren bereit, Wohnmöglichkeiten und zum Teil auch Arbeit in der Stadt zu suchen und verließen alle innerhalb kurzer Zeit das Spital. Als ich 1997 emeritiert wurde und eine Praxis in der Stadt eröffnete, haben alle Mitglieder gewünscht, die Gruppensitzungen dort abzuhalten. Käme nun im Jahre 2006 ein neutraler Beobachter in unsere Gruppe, würde er kaum merken können, dass, außer dem Therapeuten, alle Beteiligten wegen ihrer Psychose langzeitig in einer Klinik hospitalisiert waren. – Während all der Jahre habe ich den Patienten, wenn sie sich nur als Kranke einschätzten, immer wieder gesagt, dass sie bedeutende gesunde Anteile in sich trügen, die es ebenso zu beachten gelte. Ich fügte hinzu, dass alle Gesunden, auch ich, krankhafte Anteile in uns bärgen. Der Unterschied zwischen gesund und krank sei nicht so groß, wie sie angenommen hätten. Meine Bemerkungen sollten bewirken, dass die Patienten sich positiver sahen und nicht mehr als aus der Gesellschaft Ausgegliederte. Ich legte ihnen auch dar, dass wir aber nicht darauf warten sollten, bis der Andere auf uns zukommt, sondern selbst den ersten Schritt tun müssen.

Ganz allgemein möchte ich sagen: Ziehen wir uns auf uns selbst zurück, so werden wir uns einsam fühlen. Wir sind nun einmal Wesen, die menschliches Miteinander und Zuwendung brauchen. Wenn unser Buch den Lesern Mut geben kann, auf ihre

Mitmenschen zuzugehen und ihre Probleme miteinander zu lösen, so haben wir unser Ziel erreicht. Mögen unsere Antworten Anstöße für ein positives und ausgeglichenes Miteinander geben.

Prof. Dr. med. Raymond Battegay

Fragen und Antworten: Wer fragt, der führt

VORWORT UND EINFÜHRUNG

Eine Geschichte auf den Weg: Ins Wasser schauen

Jeder von uns hat wie das Wasser die Kraft, sich immer wieder zu erneuern! Ein Schüler im alten Orient fragte einmal einen Weisen: »Du stehst nun schon so lange vor diesem Fluss und schaust ins Wasser. Was siehst du denn da?«
Der Weise gab keine Antwort. Er wandte den Blick nicht ab von dem unablässig strömenden Wasser. Endlich sprach er: »Das Wasser lehrt uns, wie wir leben sollen. Wohin es fließt, bringt es Leben und teilt sich aus an alle, die seiner bedürfen. Es ist gütig und freigiebig. Die Unebenheiten des Geländes versteht es auszugleichen: Es ist gerecht. Ohne zu zögern in seinem Lauf, stürzt es sich über Steilwände in die Tiefe. Es ist mutig. Seine Oberfläche ist glatt und ebenmäßig, aber es kann verborgene Tiefen bilden. Es ist weise. Felsen, die ihm im Lauf entgegenstehen, umfließt es. Es ist verträglich. Aber seine Kraft ist Tag und Nacht am Werk, das Hindernis zu beseitigen. Es ist ausdauernd. Wie viele Windungen es auf sich nehmen muss, niemals verliert es die Richtung zu seinem ewigen Ziel, dem Meer, aus dem Auge. Es ist zielbewusst. Und sooft es auch verunreinigt wird, bemüht es sich doch unablässig, wieder rein zu werden. Es hat die Kraft, sich immer wieder zu erneuern. Das alles«, sagte der Weise, »ist es, warum ich auf das Wasser schaue. Es lehrt mich das rechte Leben«.

Das positive Menschenbild: Unser Ansatz bezieht sich auf die Tatsache, dass alle Menschen edel erschaffen wurden und daher die Möglichkeit erhalten müssen, ihr edles Wesen zu entfalten, ihre verborgenen Eigenschaften sichtbar zu machen, ihre kreativen Fähigkeiten zu entwickeln und die ihnen innewohnenden therapeutischen und Selbsthilfemöglichkeiten zu nutzen.
Der Begriff des »*Positiven*« leitet sich vom lateinischen *positum* ab, das bedeutet: das *Tatsächliche,* das *Vorgegebene.* Tatsächlich und vorgegeben sind nicht nur Störungen, Krankheiten, Konflikte und Vorurteile, sondern auch die Fähigkeiten, die Möglichkeiten der Konfliktverarbeitung und die Chance, sich kennen zu lernen und gemeinsam statt gegeneinander zu handeln.
Psychotherapie des Alltaglebens statt Psychopathologie: Psychotherapie muss in den überwiegenden Fällen gar nicht die Behebung einer ausgesprochen psychischen Krankheit bedeuten, sondern eher praktische Lebenshilfe. Wie oft möchte man jemanden fragen: »Wie soll ich meine Kinder erziehen?«, »Warum hasse ich diese Person?«, »Wie soll ich mich meiner Frau gegenüber in dieser oder jener Situation verhalten?« Es sind Fragen, die die Psychohygiene betreffen. Fragt man verschiedene Personen, bekommt man unterschiedliche Antworten und ist am Ende meist genauso klug wie zuvor. Wir sind alle von Konflikten, Problemen und Schwierigkeiten im Verhältnis zu uns selbst, zu unseren Partnern, unseren Mitmenschen und schließlich zu unseren Lebenszielen betroffen. Es findet sich daher ein Bedürfnis nach neuen Gesichtspunkten und Methoden der Psychotherapie und Selbsthilfe, die ebenso wirksam wie praxisnah sind. Gesund ist daher nicht derjenige, der keine Probleme hat, sondern derjenige, der in der Lage ist, mit diesen fertig zu werden.

50 Fragen und Antworten: Wir haben versucht, auf 50 wichtige Fragen hier einzugehen und Antworten zu finden, die eng mit der Frage nach dem Sinn des Lebens und Handelns verknüpft sind. Diese Arbeit konnte und wollte nicht alle sich stellenden Fragen lösen und Patentrezepte geben. Sie soll vielmehr den Leser auf einzelne Gesichtspunkte hinweisen, ihn sensibilisieren und verschiedene Lösungsmöglichkeiten aufzeigen. Damit sind diese Themen jedoch nicht abgeschlossen, sondern als in einer fortwährenden Entwicklung stehend zu begreifen.
Der Zugang zu Lösungsmöglichkeiten kann über die Phantasie erfolgen, über das bildhafte Denken der »rechten Hirnhälfte«, über Geschichten und Spruchweisheiten.
Ein weiteres Anliegen dieses Buches ist auch, Weisheiten des Orients mit psychotherapeutischen Erkenntnissen des Okzidents zu vereinen. Nicht zuletzt kann dieses Buch durch den in manchen Geschichten und Lebensweisheiten enthaltenen Humor zu einer Oase der Entspannung werden.
Fallbeispiele dienen einem besseren Verständnis der Theorie dieses Ansatzes.
In der Erklärung versuchen wir die Besonderheiten des jeweiligen Fallbeispiels zusammenzufassen, auf das Allgemeingültige hinzuweisen.
An welchen Leserkreis wendet sich dieses Buch? Das Buch soll ein breites Publikum ansprechen; es bietet jedoch auch alternative Denkmodelle an.
Danksagungen: Vor allem möchte ich hier einige derjenigen nennen, die mich seit 1968 motiviert und zu einer Weiterentwicklung der Positiven Psychotherapie angeregt haben: Professor Dr. med. Raymond Battegay (Basel) und Professor Dr. med. Gaetano Benedetti (Basel). Meiner Mitarbeiterin, Frau Dipl.-Päd. Vera Hickmann, danke ich für die sorgfältige Schreibarbeit und ihre vielfältigen Anregungen und Unterstützungen. Meine Mitarbeiterinnen und Mitarbeiter, Frau Dr. Margot Matthis,

Herrn Dipl.-Psych. Hans Deidenbach, Herrn Dipl.-Psych. Christian Henrichs, Herrn Dr. med. Nikolaus Otto, Herrn Prof. Dr. med. Helmut Woelk, Herrn Prof. Dr. Manfred Prinz, Herrn Prof. Dr. med. Klaus Jork, Herrn Dr. Dieter Tober und Herrn Dr. med. Wolfgang Schuck, Herrn Dr. med. und Dipl.-Psych. Dieter Schön, meinen Söhnen Dr. Hamid und Dr. Nawid Peseschkian bin ich für ihre kritischen Anregungen sehr verbunden. Mein besonderer Dank gilt meiner Frau Manije Peseschkian.

Auch auf Missverständnisse im zwischenmenschlichen Bereich gehen wir ein. Unter »Merke« ist das jeweilige Missverständnis zusammengefasst. Als Beispiel: Ich muss nicht so handeln, wie ich es tue, ich kann es auch anders: Lass dich nicht gehen, gehe lieber selbst.

Merke

Wer ist weise? Wer von jemandem lernt.
Wer ist stark? Wer sich selbst überwindet.
Wer ist reich? Wer sich mit dem Seinigen begnügt.
Wer ist achtbar? Wer die Menschen achtet.
(Talmud)

Vielleicht, so hoffen wir jedenfalls, ergeben sich aus dem Buch Perspektiven für den Umgang der Menschen mit sich selbst und ihren Mitmenschen im Sinne einer »positiven Konfliktbewältigung«.

Prof. h. c. Dr. med. Nossrat Peseschkian
Wiesbaden, März 2006

Frage 1:
Wie finde ich das richtige Verhältnis zwischen Arbeit und Familie?

Geschichte: die geteilten Pflichten

»Ich halte es nicht mehr aus. Die Pflichten sind wie Berge, die ich nicht mehr von der Stelle rücken kann. Am frühen Morgen muss ich dich wecken, den Haushalt ordnen, die Teppiche säubern, die Kinder beaufsichtigen, auf dem Basar einkaufen, dir abends deine geliebte Reisspeise kochen und dich schließlich nachts noch verwöhnen.« So sprach eine Frau zu ihrem Mann. An einem Hühnerschenkel kauend, meinte dieser bloß: »Was ist schon dabei. Alle Frauen machen das gleiche wie du. Da hast du es doch gut. Während ich die Verantwortung trage, sitzt du doch zu Hause herum.« »Ach«, jammerte die Frau, »wenn du mir doch ein bisschen helfen könntest.« In einem Anfall von Großmut stimmte der Mann schließlich dem folgenden Vorschlag zu: Während die Frau für alles, was im Hause geschehe, zuständig sein sollte, wollte er die Aufgaben außerhalb des Hauses übernehmen.

Diese Teilung der Pflichten ließ das Ehepaar über längere Zeit hinweg zufrieden zusammen leben. Eines Tages saß der Ehemann nach getätigtem Einkauf mit Freunden in einer Kaffeestube und rauchte zufrieden die Wasserpfeife. Ein Nachbar stürmte plötzlich herein und rief aufgeregt: »Komm schnell, dein Haus brennt.« Der Mann zog genüsslich an dem Mundstück der Wasserpfeife und meinte dann mit wunderbarem Gleichmut: »Sei so nett und sag es meiner Frau, denn schließlich ist sie für alles, was im Haus geschieht, verantwortlich. Ich bin nur für den Außendienst zuständig«.

Antwort Battegay

Das richtige Verhältnis zwischen dem Einsatz für die Arbeit und der Hinwendung zur Familie ist für an der Arbeit wirklich Interessierte nicht leicht zu finden. Doch gilt im Allgemeinen folgende Regel: Männer oder Frauen, die Familie haben, sollten sich bewusst werden, dass sie, wenn sie bei der Familie sind, ganz für diese da sein sollten. Sind sie bei der Arbeit, sollten sie ganz bei der Arbeit sein. Nun können aber Menschen, die im Beruf große Verantwortung tragen, ihre Arbeit in der Regel nicht auf eine bestimmte Tageszeit beschränken. *Besonders diese beruflich stark Beanspruchten sollten sich aber gleichwohl feste Zeiten für ihre Familie frei halten, in denen sie ausschließlich für diese da sind.*

Antwort Peseschkian

Emanzipation zwischen Mann und Frau bereitet offenbar immer noch vielen Menschen Schwierigkeiten. Nicht, dass sie grundsätzlich gegen Gleichberechtigung wären; sie fühlen sich jedoch oft verunsichert.
Die sozialen Beziehungen zwischen Menschen werden durch verschiedene Ordnungen geprägt. Partner können gleichberechtigte Rollen innerhalb eines Rollenspiels übernehmen. Eine hilfreiche Technik mag der Rollentausch sein, bei dem die Partner, zeitlich begrenzt, die Aufgaben des anderen übernehmen. Rollentausch stärkt das gegenseitige Verständnis und Einfühlungsvermögen. Es gestaltet sich einfach: Für eine Woche geht der männliche Partner z. B. zum Einkaufen, der weibliche Partner übernimmt z. B. die Reparaturaufgaben. Dies kann auf viele andere Bereiche ausgedehnt werden.

In jeder zwischenmenschlichen Beziehung kommt es auf die Fähigkeit an zuzuhören, Fragen zu stellen, verbal und nonverbal auf das Wahrgenommene einzugehen, Probleme direkt anzusprechen und schließlich das Augenmerk auf weitere Ziele und Gesichtspunkte zu richten.

Merke

Dies bedeutet keinen Verlust von Spontaneität und Romantik, sondern ist ein abenteuerlicher Versuch, neue Verhaltensbereiche und Formen der partnerschaftlichen Beziehung zu erschließen.

Wer über sich selbst hinauswachsen will,
muss gut verwurzelt sein.
(Gerhard Uhlenbruck)

Frage 2:
Was kann ich tun, wenn die Arbeit zum Lebensinhalt wird?

Geschichte: Noch ein langes Programm

Ein Kaufmann hatte hundertfünfzig Kamele, die seine Stoffe trugen, und vierzig Knechte und Diener, die ihm gehorchten. An einem Abend lud er einen Freund (Saadi) zu sich. Die ganze Nacht fand er keine Ruhe und sprach fortwährend über seine Sorgen, Nöte und die Hetze seines Berufes. Er erzählte von seinem Reichtum in Turkestan, sprach von seinen Gütern in Indien, zeigte die Grundbuchauszüge seiner Ländereien und seine Juwelen. »Oh Saadi«, seufzte der Kaufmann, »ich habe nur noch eine Reise vor. Nach dieser Reise will ich mich endlich zu meiner wohlverdienten Ruhe setzen, die ich so ersehne, wie nichts anderes auf der Welt. Ich will persischen Schwefel nach China bringen, da ich gehört habe, dass er dort sehr wertvoll sei. Von dort will ich chinesische Vasen nach Rom bringen. Mein Schiff trägt dann römische Stoffe nach Indien, von wo ich indischen Stahl nach Halab bringen will. Von dort will ich Spiegel und Glaswaren in den Jemen exportieren und von dort Samt nach Persien einführen.« Mit einem träumerischen Gesichtsausdruck verkündete er dem ungläubig lauschenden Saadi: »Und danach gehört mein Leben der Ruhe, Besinnung und Meditation, dem höchsten Ziel meiner Gedanken«.

(Nach Saadi, persischer Dichter)

Antwort Battegay

Eine Partnerschaft setzt voraus, dass sich die Partner nicht nur ihrem Beruf widmen. Anders verhält es sich bei Alleinlebenden. In diesem Fall sehe ich nichts Negatives, wenn die Arbeit an erster Stelle steht und womöglich gleichzeitig auch noch Hobby ist.

Allerdings werden sich solche Menschen gelegentlich doch auch des Umstandes bewusst werden müssen, dass noch andere Lebensbereiche bestehen, die ebenso faszinierend sein können wie ausschließliche Berufsarbeit.

Antwort Peseschkian

Zunächst ein Beispiel:

»Von Kind an bin ich auf Leistung gedrillt worden ... Der Beruf macht mir sogar Spaß, aber ich habe keine Beziehung zu anderen Menschen. Mit meinen Kindern kann ich auch nicht viel anfangen. Freizeit ist für mich eine Qual ...«

(42-jähriger Akademiker mit Depressionen)

Aus dem Bericht erfahren wir ein Beispiel einseitiger Erziehung: Leistungsorientierung gilt in unserer heutigen Gesellschaft als gesellschaftlicher Maßstab, dem sich jedes Individuum zu unterwerfen hat. Was im Beispiel eines Rechtsanwaltes als übertriebener Fleiß imponieren mag, ist lediglich eine Sekundärtugend. Unsere Zukunft sähe düster aus, wenn wir in dem Irrglauben verharrten, dass materielles Wohlergeben allein die wichtigste oder gar einzige Voraussetzung für ein glückliches Leben ist. Es gilt daher, die Prinzipien, Lebensgesetze und Werte wieder zu entdecken, die uns davor bewahren, allein im beruflichen Erfolg den Lebenssinn zu sehen. Doch müssen wir wohl, im Sinne eines Gedankens von Hermann Hesse, zum Glücklichsein erst reif werden.

Merke

Der Mensch sollte seine gesamte Zeit nicht nur mit Wissensanhäufung verbringen, sondern auch die emotionale Bildung nicht vernachlässigen. Die Charakterbildung ist sehr wichtig.

Was man besonders gerne tut,
ist selten ganz besonders gut.
(Wilhelm Busch)

Frage 3:
Wie finde ich den Mut, etwas Neues zu beginnen?

Eine Metapher

Suchen, das ist das Ausgehen von alten Beständen
in einem Finden-Wollen von Bekanntem und Neuem.
Finden, das ist das völlig Neue, auch in der Bewegung.
Alle Wege sind offen, und was gefunden wird, ist unbekannt.
Es ist ein Wagnis, ein heiliges Abenteuer.
Die Ungewissheit solcher Wagnisse können eigentlich
nur jene auf sich nehmen,
die im Ungeborgenen sich geborgen wissen,
die in Führerlosigkeit geführt werden,
die sich im Dunkeln einem unsichtbaren Stern überlassen,
die sich von Zielen ziehen lassen
und nicht menschlich beschränkt und eingeengt das Ziel
bestimmen.
Dieses Offensein für jede neue Erkenntnis,
für jedes neue Erlebnis im Außen und Innen:
das ist das Wesenhafte des modernen Menschen,
der in aller Angst des Loslassens
doch die Gnade des Gehaltenseins
im Offenbarwerden neuer Möglichkeiten erfährt.
(Pablo Picasso)

Antwort Battegay

Oft besteht generell eine Angst vor dem »Neuen«, eine sogenannte Neophobie. Doch Individuen, die sich scheuen, etwas Neues zu beginnen, werden sich immer stärker vor einem Neubeginn ängstigen. Besonders die moderne kognitive Verhaltenstherapie möchte erreichen, dass die Menschen zunächst ihre Angst vor dem Neuen erkennen, sich ihr danach jedoch aussetzen, sich ihr exponieren und dann das Neue anpacken. Haben sie dies mehrere Male geschafft, werden sie von Mal zu Mal besser in der Lage sein, wiederum neue Herausforderungen zu suchen und zu bestehen. *Bei solchen Neophobien wäre es fatal, diesen nachzugeben und überhaupt nichts Neues mehr zu wagen, weil sich so die Angst stets noch steigerte.*

Antwort Peseschkian

Die Angst vor dem Unbekannten

Der Mensch in seinen besten Jahren sorgt sich um nahezu alles, wie die Anzahl von Versicherungen beweist, die er abschließt. Er hat Angst, krank oder arbeitslos zu werden, erworbenen Besitz oder gewonnenen Einfluss zu verlieren. Gegen Ende der Berufstätigkeit überkommt den Menschen die Angst davor, nicht mehr gebraucht zu werden, den gewohnten Lebensrhythmus zu verlieren. Jeder neue Lebensabschnitt, jeder Übergang, jeder Einschnitt bringt unbekannte Risiken mit sich, die Ängste hervorrufen können. Psychotherapeuten diagnostizieren dies in allen Lebensphasen.
Angst vor dem Unbekannten spielt zeitlebens eine große Rolle. Denn der Mensch neigt dazu, am Vertrauten festzuhalten. Die Schwierigkeit, über den eigenen Schatten zu springen, nennen

wir »Schattenangst«: Die Phantasie jedoch bringt es mit sich, dass man ein Risiko eingeht, den Schritt hinaus ins Unbekannte wagt, seine Grenzen auslotet. Gäbe es keine Neugier der Phantasie, gäbe es keinen Zweifel und keine Angst; ohne Zweifel und Angst allerdings gäbe es keine Entwicklung und keinen Fortschritt, aber auch keine Selbstfindung des Menschen.

Merke

Der Mensch kann nur zu neuen Ufern vordringen,
wenn er den Mut aufbringt, die alten zu verlassen.

Wenn man etwas haben will, was man noch nie gehabt hat,
muss man etwas tun, was man noch nie getan hat.
(Positive Psychotherapie)

Frage 4:
Kann ich mir selbst helfen?

Geschichte: Schaden, Sorge, Klage wachsen alle Tage

Eine junge Frau bewarb sich als Schwesternschülerin in einem Krankenhaus. Der Chefarzt fragte sie nach praktischer Erfahrung. »Selbstverständlich!«, war die Antwort, »mein älterer Bruder ist Fußballspieler, der jüngere Bruder boxt und meine Eltern prügeln sich täglich. Ich muss die ganze Familie fast täglich verarzten.«

Antwort Battegay

Ebenso wie die Bevölkerung durch Ärzte- oder Gesundheitsorganisationen über die Vorbeugungsmöglichkeiten und Programme zur Verhütung somatischer Krankheiten orientiert werden, sollte mehr zur Prophylaxe psychischer Störungen und Leiden getan werden. Beispielsweise sollten jungen Eltern vermehrt Programme über adäquate Erziehungsmethoden angeboten werden, die Hilfestellung bei Problemlösungen bieten. Die Eltern sollten dazu angeleitet werden, den Kindern eine gewisse Entscheidungsfreiheit zu lassen, damit diese aus mehreren Möglichkeiten ihre Lösung finden.

Antwort Peseschkian

Selbsthilfe dürfen wir nicht mit Therapie verwechseln. Ziel unseres Buches ist auch, den Leser für den oft stiefmütterlich behandelten Bereich psychosomatischer und psychischer Störungen in Verbindung mit Sinnfragen zu sensibilisieren und auf die Möglichkeiten ärztlicher und psychotherapeutischer Betreuung hinzuweisen.
Selbsthilfe geschieht im außertherapeutischen Bereich. Selbsthilfe ist eine ursprüngliche Form von Konfliktbewältigung, die bisher jedoch noch nicht genügend Beachtung findet. Lange bevor sich Psychotherapie entwickelte, halfen sich Menschen durch Selbsthilfe. Strategien der Selbsthilfe und Selbsterfahrung werden erarbeitet und eigene entsprechende Problemlösungen angestrebt.

Merke

Wenn du eine hilfreiche Hand brauchst,
suche sie am Ende deines eigenen Armes.

Frage 5:
Wie finde ich Kraft, wenn ich meinen Job verliere?

Geschichte: Eine Metapher für das positive Vorgehen

Positives Vorgehen lässt sich durch folgende Situation beschreiben: Ein Mann stellte fest, dass er Schulden hatte. Dieser Gedanke ließ ihn nicht mehr schlafen. Er litt unter Depressionen, wollte aus dem Leben scheiden. Dies klagte er einem guten Freund. Der hörte geduldig zu. Anschließend sprach er jedoch nicht über die Schulden. Das verwunderte den Mann sehr. Sein Freund sprach statt dessen von dem, was der Mann noch besaß, vom Geld, das er noch hatte, und von den Freunden, die bereit waren, ihm zu helfen. Plötzlich sah dieser seine Situation mit anderen Augen. Indem er seine Energie nicht mehr mit Gedanken an die Schulden verschwendete, sondern an sein verbliebenes Vermögen dachte, fand er die nötige Kraft, sein Problem zu lösen.

Antwort Battegay

Wichtig ist, dass mit dem Stellenverlust nicht auch das Selbstvertrauen verloren geht. Bei den sogenannten Rationalisierungsmaßnahmen in den Unternehmen, bei denen viele Mitarbeiter entlassen werden, wird oft nicht sorgfältig genug der soziale Aspekt geprüft. Dies ist sehr bedauerlich, aber eine Tatsache. Umso mehr darf sich der Einzelne, der arbeitslos geworden ist, dadurch nicht selbst entwerten.

Menschen, die ihre Arbeitsstelle verloren haben, sollten sich mit Mut und Zuversicht nach einem neuen Arbeitsplatz umsehen. Sollten aber doch Selbstzweifel überwiegen, sollten sie die Hilfe eines Psychotherapeuten in Anspruch nehmen.

Antwort Peseschkian

Der berufliche und private Bereich durchdringen sich gegenseitig, stehen in Wechselwirkung. Treten nun Schwierigkeiten in der beruflichen Situation auf, sind zunächst zwei Fragen zu stellen:
Ist die berufliche Situation selbst die Ursache hierfür oder liegt vielmehr eine Störung der gesamten Persönlichkeitsökonomie vor?
Ich konnte beobachten, dass nahezu alle Menschen – trotz sozialer und kultureller Unterschiede – auf vier Formen der Konfliktverarbeitung zurückgreifen. Dieses »Vierergespann« ähnelt einer Waage, die immer ein ausgewogenes Verhältnis von je etwa 25 Prozent haben muss, um ein seelisches Gleichgewicht zu garantieren. Die Bestrebungen aller Menschen sind letztlich auf Glück und Selbstverwirklichung ausgerichtet. Die Mittel auf dem Weg dorthin werden aber oft einseitig gewählt. Ausschlaggebend für ein ausgewogenes Seelenleben ist die Fähigkeit, positiv und kreativ zu denken, eine Eigenschaft, die dem westlichen Menschen nahezu abhanden gekommen, aber durchaus wieder erlernbar ist.
Wenn diese »Waage« in der Lebenspraxis durch Flucht in die Krankheit (Körper), Flucht in die Arbeit (Leistung), Flucht in die Geselligkeit oder auch Einsamkeit (Kontakt), aber auch durch Flucht in Träume (Phantasie) aus dem Gleichgewicht gerät, reagiert der Mensch mit physischen oder psychischen Erkrankungen.

Merke

Das Geheimnis des Vorankommens liegt im Anfangen. Das Geheimnis des Anfangens liegt im Aufteilen komplizierter, überwältigender Aufgaben in kleine, zu bewältigende Aufgaben, um dann mit dem Ersten anzufangen. (Mark Twain)

Frage 6:
Wie finde ich den richtigen Lebenspartner?

Eine Metapher für eine positive Partnerschaft

Wer Blumen liebt, muss wissen, was Blumen brauchen. Wer Blumen liebt, braucht aber auch den Rat derer, die Erfahrungen gesammelt haben. Ihr Rat hilft, mögliche Fehler in der Pflege zu vermeiden, Wachstumsstörungen, Mangelerscheinungen oder Folgen von Überdüngung auszugleichen. Das Beispiel der Blumen lässt sich auch auf die Partnerschaft übertragen.

Antwort Battegay

Diese Frage lässt sich nur schwer beantworten, da Gefühle oft rasch wechseln oder ambivalent, zwiespältig sind. In der Wahl eines Lebenspartners/einer Lebenspartnerin spielt oftmals das, was man bei den Eltern, bei Vorbildern oder gar Idolen und nicht zuletzt im Fernsehen oder Internet sieht, eine entscheidende Rolle. Dabei wäre es besonders wichtig, auf das zu achten, was sich zutiefst in einem selbst für den anderen/die andere regt. Bei der Partnerwahl spielt vermutlich die Liebe eine ausschlaggebende Rolle. Doch kann das Liebesgefühl, der Liebesrausch auch rasch erlöschen. Für die Partnerwahl muss man sich daher Zeit lassen. Nur wenn Zuneigung und Liebe über Monate andauern, besteht eine Chance auch einer konstanteren Gefühlsbeziehung zwischen zwei Menschen. Doch gibt es keine Gewähr, dass eine Beziehung auf Dauer hält. Zwischen Partnern können temporär Enttäuschungen, Verstimmungen und Konflikte auftreten. Dabei ist es wichtig, nicht schon die erste Dissonanz zum Anlass einer Trennung zu nehmen. Eine Partnerschaft erfordert Geduld und Toleranz auf beiden Seiten, denn die Partner können nie und auf alle Zeiten von anderen die Erfüllung all ihrer Vorstellungen, Wünsche und Träume erwarten.

Mit anderen Worten ist zu sagen: Junge Menschen sollten eine gewisse Frustrationstoleranz dafür entwickeln, dass der Partner seine Eigenheiten hat. Gerade hieran gebricht es aber nicht selten jungen Menschen von heute. Umso notwendiger ist es, kurzzeitige Missstimmungen zu ertragen. Es heißt ja im Sprichwort: »Geduld bringt Rosen.«

Antwort Peseschkian

Vier Schritte auf dem Weg zu einer positiven Partnerschaft:

1. *Notwendige Aspekte vor der Ehe:* Jeder Mensch besitzt seinem Wesen nach die Fähigkeit zur Partnerschaft. Nicht jeder Mensch aber kann ohne Vorbereitung *eine* Partnerschaft eingehen.
   Über folgende Fragen sollten Sie sich jedoch bereits im Klaren sein: Wissen Sie, was durch eine Partnerschaft und Ehe auf Sie zukommt? Wie stellen Sie sich Ihren idealen Partner vor? Wie stellen Sie sich das Zusammenleben vor? Kennen Sie den Lebensplan Ihres Partners? Lässt sich eine Annäherung der Lebenspläne vor der Ehe erreichen?
2. *Notwendige Aspekte innerhalb der Ehe:* Nicht nur die Partnerschaft und Ehe ist gut, in der es keine Probleme gibt, sondern auch diejenige, in der die Partner in der Lage sind, mit auftretenden Problemen und unterschiedlichen Auffassungen angemessen umzugehen.

Nehmen Sie auch die kleinen Wünsche des Partners ernst? Sind Sie in Ihrer Partnerschaft glücklich? Was tun Sie für Ihre Partnerschaft, um glücklich zu werden? Was können Sie tun, um weiterhin glücklich zu bleiben?

3. *Notwendige Aspekte bei Trennung oder Scheidung:* Auch die Fähigkeit zur Trennung muss geübt werden. Wissen Sie, was konkret Ihre partnerschaftliche Beziehung unmöglich macht? Welche weiteren Pläne haben Sie für die Zeit nach der Trennung oder Scheidung? Was bedeutet die Trennung oder Scheidung für Sie, für Ihren Partner, die Kinder, die Verwandtschaft?
4. *Positiver Umgang mit Problemen:* Eine Partnerschaft bringt auch Konflikte, Schwierigkeiten, Probleme und Krisen mit sich. Sie gibt aber zugleich Chancen, die eigene Persönlichkeit weiterzuentwickeln und angemessene Lösungen für die Konflikte zu finden. Die Konfrontation behält in vielen anderen Bereichen des menschlichen Zusammenlebens Gültigkeit: im Verhältnis der Kinder zu ihren Eltern, der Beziehung der Eltern zueinander, dem Verhältnis zu den Schwiegereltern, dem Verhältnis zu Mitmenschen. Im Leid nur das Leid und im Konflikt nur die Gefährdung zu sehen, bedeutet ein Missverständnis, das in Erziehung und Psychotherapie unübersehbare Folgen nach sich zieht. Es reicht daher nicht aus, nur nach dem *Warum* einer Störung, eines Leides, einer Prüfung zu fragen. Die Frage nach dem *Wozu* meint die Re-Integration, die Tendenz zu Einheit und Weiterentwicklung.

Merke

Man darf in jedem menschlichen Wesen nur das sehen, was des Lobes würdig ist. Wenn man so handelt, kann man der ganzen Menschheit Freund sein.
Betrachten wir die Menschen jedoch nur vom Standpunkt ihrer Fehler aus, dann ist es eine äußerst schwierige Aufgabe, mit ihnen Freundschaft zu pflegen. (Abdul'-Bahà)

Vor der Ehe halte deine Augen offen,
in der Ehe halte sie halb geschlossen.
(Positive Psychotherapie)

Frage 7:
Wie halte ich die Liebe lebendig?

Eine Metapher über Verstehen und Verstandenwerden
Geschichte: Die Schaulustigen und der Elefant

Man hatte einen Elefanten zur Ausstellung bei Nacht in einen dunklen Raum gebracht. Die Menschen strömten herbei. Da es dunkel war, konnten die Besucher den Elefanten nicht sehen, und so versuchten sie, seine Gestalt durch Betasten zu erfassen. Da der Elefant sehr groß war, konnte jeder Besucher nur einen Teil des Tieres greifen und es nach seinem Tastbefund beschreiben. Einer der Besucher, der ein Bein des Elefanten erwischt hatte, erklärte, dass der Elefant wie eine starke Säule sei; ein zweiter, der die Stoßzähne berührte, beschrieb den Elefanten als spitzen Gegenstand; ein dritter, der das Ohr des Tiers ergriff, meinte, er sei einem Fächer nicht unähnlich; der vierte, der über den Rücken des Elefanten strich, behauptete, dass der Elefant so gerade und flach sei wie eine Liege.

(Nach Mowlana, persischer Dichter)

Antwort Battegay

Wenn man sich nach dem Kennenlernen Zeit lässt, um im Zusammensein prüfen zu können, ob die anfangs empfundene Liebe anhält, wird man es leichter haben, sie ein Leben lang aufrecht zu erhalten. Allerdings spielt hierbei auch die sexuelle Befriedigung eine wichtige Rolle. Heutzutage, wo schon früh sexuelle Erfahrungen gesammelt werden, wird der intimen Übereinstimmung mehr Gewicht beigemessen, als dies in früheren Zeiten der Fall war. Doch ist zur Aufrechterhaltung der Liebe die gegenseitige Achtung ebenso wichtig. Beide sollten vor allem die jeweiligen positiven Charakterseiten des Partners wahrnehmen und schätzen. In einer Zeit, in der in den Massenmedien oft idealisierte Menschenbilder präsentiert werden, sind viele Menschen unzufrieden in ihren Partnerschaften. Allzu rasche Trennung oder Scheidung ist die Folge. Es scheint nötig, jungen Menschen aufzuzeigen, dass trotz partnerschaftlicher Spannungen, die zeitweilig auftreten können, die Liebe zwischen beiden Partnern fortdauern kann.

Antwort Peseschkian

Manche Eltern wünschen sich ein braves, andere ein fleißiges und aufgewecktes, wieder andere ein anlehnungsbedürftiges Kind. Die Bevorzugung bestimmter Eigenschaften setzt sich in der Partnerschaft fort. Die eine Frau wählt ihren Partner danach aus, ob er erfolgreich ist; eine andere wünscht sich einen zärtlichen, höflichen Mann. Der eine Mann träumt von einer ordentlichen, häuslichen Frau, ein anderer von einer geschäftstüchtigen, selbstständigen. Alle versuchen, sich ihre Partner vorzustellen und zu begreifen, doch tun sie dies nur unter einzelnen Aspekten. So begreift man jedoch einen Menschen kaum als Gesamtpersönlichkeit.

Formen des Glücklichseins

Die Liebe erweist sich als abhängig von der Dimension der Zeit. Wenn wir von Liebe sprechen und sie als abhängig von der Zeit sehen, werden vor allem folgende vier Situationen bedeutsam: Wir können glücklich sein, wir können glücklich scheinen, wir können glücklich werden, wir können glücklich bleiben.

Glücklich sein: Gerade jetzt sind wir zufrieden, wir haben vielleicht einen Partner, der uns vollkommen gefällt. Wird er uns aber auch noch morgen gefallen? Noch unverheiratet, ist es leicht, glücklich zu sein.

Wochenend- und Ferienpartnerschaften begegnen nur geringen Konflikten. Wer weiß, ob aus dem glücklich erlebten Wochenende auch glücklich verlebte Jahre werden können?

Glücklich scheinen: Obwohl man genügend Probleme hat, gibt man sich nach außen unbekümmert und vermittelt die Illusion, alles sei in bester Ordnung.

Glücklich werden: Man versucht, bestehende Probleme zusammen durchzuarbeiten, indem man sie offen bespricht. Das geschieht in der Hoffnung auf eine bessere Zukunft. Falsch ist es aber zu erwarten, dass sich die Probleme von selbst lösen, während man den Kopf in den Sand steckt.

Glücklich bleiben: Auch wenn man glücklich ist und auf stetes Glück hofft, ist dies keine Garantie dafür, auch tatsächlich glücklich zu bleiben. Denn glücklich bleiben heißt nicht, die Gegenwart festzuhalten. Vielmehr stellt es uns vor die Aufgabe, unseren Partner und uns selbst immer wieder neu kennen zu lernen, immer wieder neue Entscheidungen zu treffen. Der Wunsch, in einer Partnerschaft glücklich zu bleiben, schließt die Bereitschaft ein, die Partnerin, die man abends in großer Garderobe gesehen hat, am nächsten Tag ungeschminkt zu sehen – und das nicht nur einmal, sondern vielleicht ein Leben lang.

Merke

Wie der Führerschein nicht von der Verpflichtung entbindet, beim Autofahren ständig achtsam zu sein, enthebt das Eheversprechen nicht von der Notwendigkeit, für den Partner stets auch begehrenswert zu bleiben.

Wer ständig glücklich sein möchte,
muss sich oft verändern.

Man soll alle Tage wenigstens ein kleines Lied hören,
ein gutes Gedicht lesen,
ein treffliches Gemälde sehen und,
wenn es möglich zu machen wäre,
einige vernünftige Worte sprechen.
(Johann Wolfgang von Goethe)

Frage 8:
Mein Partner stellt Liebe
und Vertrauen über alles.
Mir wichtige Dinge wie z. B.
das Einhalten täglicher Absprachen
hält er für nebensächlich.
Wie kann ich diesen Konflikt lösen?

Geschichte: Steter Tropfen höhlt den Stein

Die Mammutbäume, diese Riesen des Waldes, überleben Generationen von Menschen. Kein Sturm, kein Hagel, kein Blitzschlag kann ihnen etwas anhaben. Ja, selbst Feuer und Erdbeben haben sie überstanden. Sie stehen Jahr um Jahr, Jahrzehnt um Jahrzehnt, ganze Jahrhunderte und trotzen den Unbilden der Natur in ihrer mächtigen Gestalt. Es scheint, als könne nichts diese Giganten zu Fall bringen. Doch es gibt kleine, winzige Insekten, die Termiten, die kommen und beginnen, den Baum mit winzigen Bissen nach und nach zu zerfressen. Und schließlich schaffen diese vielen kleinen Winzlinge das, was keine Naturkatastrophe vermag: Sie bringen den Riesen zu Fall.

Antwort Battegay

Sehr wichtig in einer Partnerschaft ist, dass beide bereit sind, die Wertvorstellungen, Erwartungen sowie anerzogene oder selbst erworbene Einstellungen zu Fragen der Ordnung, der Lebensführung und der Ethik des jeweiligen Partners zu akzeptieren. Der verständliche Wunsch des Menschen, mit seinem Partner vollkommen übereinzustimmen, eine solche Kollusion zwischen zwei Menschen, gestaltet sich jedoch oft als unmöglich.

Beide Beteiligten müssen bereit sein, den Vorstellungen des Partners entgegenzukommen und Kompromisse zu finden, die beiden den Eindruck vermitteln, dass ihre Ansichten respektiert werden.

Antwort Peseschkian

Die sogenannten Kleinigkeiten

Typische Verhaltensweisen eines Mannes: Pünktliches Essen: »Als ich meinen Mann vor acht Jahren kennen lernte, fielen mir gleich seine Essgewohnheiten auf. Gegen Mittag beispielsweise sagte er nicht: »Langsam bekomme ich Hunger, ich will etwas essen«, sondern er fragte: »Wie viel Uhr ist es? Was, schon 12.00 Uhr, dann muss ich ja gleich etwas essen!« Diese Gewohnheit hat mein Mann fast ganz abgelegt, manchmal erinnern wir uns jedoch amüsiert daran. Andere Verhaltensweisen sind unverändert geblieben.
So kann für den einen Unpünktlichkeit beunruhigend, angst- und aggressionsauslösend sein, für den anderen die übertriebene Pünktlichkeitsforderung eines Partners, seine Unhöflichkeit, Unzuverlässigkeit oder Unordnung. Treffen beide aufeinander, kann es zu Konflikten kommen, die schlimmstenfalls zu Mikrotraumen führen. Vor diesem Hintergrund kann eine solch dauerhafte emotionale Belastung zu psychischen und psychosomatischen Störungen führen und auch die familiäre Kommunikation einschränken.

Relativität der Werte:
Welche Ordnungsform bevorzugen Sie?

Es gibt verschiedene Formen der Ordnung: Verstandesgemäße, sachliche Ordnung: »Alles muss so aufgeräumt sein, dass man es jederzeit finden kann.« Traditionelle Ordnung: »Alles muss seine Reihenfolge haben, und zwar so, wie man es von jeher gewohnt ist.« Intuitive phantasievolle Ordnung: »Alles gehört an seinen Platz.« Romantische Ordnung: »In einer sachlichen Atmosphäre kann ich nicht leben. Meine Umgebung muss eine gewisse Wärme ausstrahlen.« Äußere Ordnung: »Wenn Gäste kommen, muss alles aufgeräumt sein.« Innere Ordnung: »Es ist mir gleichgültig, wie ich äußerlich aussehe, es kommt darauf an, dass ich mich innerlich ausgeglichen fühle.« Auch der unordentlichste Mensch besitzt seine eigene Ordnung, seinen eigenen Ordnungssinn. Wir müssen lernen, ihn zu erkennen.

Konflikt als Chance

Jede Konfliktsituation mit ihren Kindern ist für Eltern auch immer eine große Herausforderung und doppelte Chance. Einerseits können Eltern ihre *eigenen* Konzepte hinterfragen, andererseits können sie sich ihre eigene Kindheit vergegenwärtigen und so wieder zu Bereichen, die längst verschüttet waren, zurückfinden.

Merke

Menschen, die man gleich behandelt,
behandelt man ungleich.

Unter den Menschen gibt es viele Kopien und wenige Originale.

Frage 9:
Jeder Mensch ist zur Erkenntnis und Liebe fähig. Wie können wir diese Grundfähigkeiten ausbauen und nutzen?

Geschichte: Der Sonnenrufer

Auf dem Hühnerhof erkrankte der Hahn so sehr, dass man nicht damit rechnen konnte, dass er am nächsten Morgen krähen werde. Die Hennen machten sich daraufhin große Sorgen und fürchteten, dass die Sonne an diesem Morgen nicht aufgehen würde, wenn der Hahn nicht krähte. Die Hennen meinten nämlich, dass die Sonne nur aufgehe, weil der Hahn krähe. Am nächsten Morgen werden sie von ihrem Aberglauben befreit. Zwar blieb der Hahn krank, zu heiser, um krähen zu können, doch die Sonne ging auf; nichts konnte dies beeinflussen.

Antwort Battegay

Der Mensch kommt mit Fähigkeiten zur Wahrnehmung und zur Erkenntnis sowie mit Gefühlen zur Welt. Dabei wissen wir heute, dass für eine gesunde Entwicklung die Umwelt wichtig ist. Experimente, bei denen Menschen von allen Außenreizen abgeschirmt wurden, haben ergeben, dass nach zehn Stunden Dauer der »sensory deprivation« im Elektroenzephalogramm (EEG) Veränderungen sowie im Erleben Sinnestäuschungen oder Halluzinationen auftraten. Mit anderen Worten: der Mensch produziert in Situationen, in denen keine äußeren Eindrücke auf ihn einwirken, ein eigenes »Programm«. Der Wahrnehmungs- und Erkennungsprozess stellt also kein passives,

sondern ein aktives Grundgeschehen dar, um das sich der einzelne Mensch, will er gesund bleiben, aktiv bemühen muss.
Der Mensch vermag in Isolation kaum zu überleben. Er bedarf des Mitseins anderer Individuen, um mit ihnen Gefühle und Worte austauschen zu können. Eines der Grundgefühle ist die Liebe, die für eine gelingende Partnerschaft unerlässlich ist.

Antwort Peseschkian

So wie ein Samenkorn eine Fülle von Fähigkeiten besitzt, die durch Umwelt, Humus, Regen und den Gärtner entfaltet werden, so entwickelt auch der Mensch seine Fähigkeiten in engem Austausch mit seiner Umwelt. Dem Konzept der Positiven Psychotherapie liegt die Auffassung zugrunde, dass jeder Mensch ohne Ausnahme zwei *Grundfähigkeiten* besitzt, die *Erkenntnisfähigkeit* (Kognition) und die *Liebesfähigkeit* (Emotionalität). Diese Grundfähigkeiten stehen als zusammenfassende Kategorie hinter den primären und sekundären Fähigkeiten. Sie sind jedoch nicht nur formal die höhere Abstraktionsstufe der Aktualfähigkeiten, sie stellen vielmehr die Gesamtheit der menschlichen Fähigkeiten in einem noch undifferenzierten Stadium dar.
Die Aktualfähigkeiten hängen von den geschichtlichen, sozialen und individuellen Bedingungen ab. Erkenntnis- und Liebesfähigkeit gehören dagegen zum Wesen eines jeden Menschen. Dies bedeutet nichts anderes als: *Der Mensch ist seinem Wesen nach gut.* Das gilt unabhängig von Rasse oder Klasse. Man kann sich also nicht darauf zurückziehen, dass etwas angeboren sei und man den Dingen daher hilflos gegenüberstehe, sondern man ist gehalten, nach Möglichkeiten zu suchen, entstandene Störungen wieder zu beseitigen.

Merke

Jeder Mensch verfügt über Grundfähigkeiten, die ihm eine große Bandbreite von Möglichkeiten eröffnen. Je nach gesellschaftlichem und familiärem Umfeld werden sich diese Grundfähigkeiten herausbilden und zu unverwechselbaren Wesenszügen beim Einzelnen führen.

Nur die Sache ist verloren, die man aufgibt.
(Gotthold Ephraim Lessing)

Frage 10:
Ist der Mensch seinem Wesen nach gut?

Geschichte: Solange ich atme, hoffe ich auch

Der Todeskandidat durfte vor der Vollstreckung noch einen Wunsch äußern, und man garantierte ihm, so lange zu warten, bis sein Wunsch erfüllt sei. »Ich wünsche mir, alle Bücher der National-Bibliothek auswendig zu lernen.«

Antwort Battegay

Jeder Mensch hat gute wie auch schlechte Eigenschaften. Nicht nur vom Charakter eines Kindes, sondern insbesondere von der Erziehung hängt es ab, wie ein Kind sich entwickelt. Begegnen die Eltern oder Erzieher einem Heranwachsenden mit positiven, ermutigenden Gefühlen und Erziehungsmaßnahmen, so kann ein Kind sozial positive Kompetenzen entwickeln. Sehen Eltern oder Erzieher in den Kindern, für die sie die Verantwortung tragen, nur Böses, so werden sie ihnen gegenüber keine Liebe aufbringen können und sie nur rügen oder strafen. Eine solch ablehnende Haltung den Kindern gegenüber wird bei diesen aber nur Gefühle der Kränkung, der Wut und damit Aggressionen und das Trachten nach Rache hervorrufen. Entscheidend für die Entwicklung eines Kindes ist demnach nicht etwa nur das genetisch in ihm Angelegte, sondern ganz besonders die Art der Erziehung. Die Grundfähigkeiten sind jedem Menschen mitgegeben. Sie können durch das familiäre und soziale Milieu gefördert oder aber behindert werden. Liebe und Zuwendung sollten indes nicht mit Verwöhnung und Überbehütung verwechselt werden. Es ist wichtig, dem Kind auch Grenzen zu setzen. Gleichzeitig muss es ermutigt werden, Probleme und Aufgaben selbst anzupacken und eine seinem Alter entsprechende Verantwortung zu übernehmen. Damit einem Heranwachsenden dies gelingt, müssen aber Eltern oder Erzieher durch Vertrauen den Kindern gegenüber diesen eine Selbstsicherheit vermitteln, die sie instand setzt, die Herausforderungen zu tragen.

Antwort Peseschkian

Jeder Mensch ist seinem Wesen nach gut, dieser Satz ist gleichbedeutend mit: jeder Mensch hat die Chance, die Fähigkeit und die Möglichkeit gut zu sein. Im Gegensatz zu der Aussage »Der Mensch ist seinem Wesen nach schlecht«, die letztlich in allem nur das Negative sieht, geht die Aussage »Der Mensch ist seinem Wesen nach gut« davon aus, dass sich, bei geeignetem Umfeld, alle Menschen positiv entwickeln können. Dies zu ermöglichen ist auch Aufforderung an die Gesellschaft.

Der Mensch kann nicht gut genug vom Menschen denken.
(Immanuel Kant)

Fragen Sie sich selbst
Wie reagieren Sie, wenn Ihr Partner nicht rechtzeitig zu einem vereinbarten Termin kommt? Wenn er nicht das tut, was Sie für richtig und wichtig halten? Was tun Sie, wenn Sie angelogen werden? Wenn einer um sich eine unerträgliche Parfumwolke verbreitet oder Sie mit einem Menschen ein längeres Gespräch führen müssen, der Mundgeruch hat? Was empfinden Sie, wenn

Sie ungerecht behandelt, andere jedoch bevorzugt werden? Wie fühlen Sie sich, wenn Sie merken, dass Sie hintergangen werden? Was empfinden Sie, wenn Sie vor einer Prüfung stehen? Wenn Sie sich diese Fragen in der entsprechenden Situation stellen, werden sie Ihnen weiterhelfen können.

Merke

Ein wesentliches Element unseres Konzeptes sind die Aktualfähigkeiten, die auf das zwischenmenschliche Zusammenleben wirken. Wir führen also keine Modebegriffe ein, sondern weisen auf psychosozial wirksame Faktoren hin. Obwohl jeder über Aktualfähigkeiten verfügt, wurden sie bisher noch nicht genügend berücksichtigt.

Das Leben ist ein Theaterstück:
Es kommt weniger darauf an, wie lang es ist,
sondern eher darauf, wie es aufgeführt wird.

Frage 11:
Wie können Eifersucht und Neid überwunden werden?

Geschichte: Es liegt in Eurer Hand

Im Orient lebte ein alter weiser Mann. Er war beliebt im ganzen Lande, und wann immer einer seiner Mitmenschen Sorgen hatte, ging er zu ihm, um Rat zu holen. Denn der Mann konnte aus einer reichen Lebenserfahrung schöpfen und gab stets guten Rat. Dies wiederum machte einige seiner Mitbürger neidisch, die selbst gern für klug und weise gehalten worden wären. Sie beschlossen, dem alten Mann eine Falle zu stellen. Aber wie?

Nach längerem Nachdenken kam man auf folgende Idee: Man wollte ein winziges Vögelein fangen, es dem alten Mann in der geschlossenen Hand präsentieren und ihn fragen, was sich in der Hand befinde. Sollte der alte Mann wider Erwarten die Frage richtig beantworten, so würde er mit Sicherheit an einer weiteren Frage scheitern, nämlich der, ob es sich bei dem Vögelein um ein lebendes oder ein totes handele. Würde er nämlich sagen, es handele sich um ein lebendes, so könne man die Hand zudrücken, und das Vögelein sei tot. Würde er hingegen sagen, es handele sich um ein totes Vögelein, so könne man die Hand öffnen und das Vögelein wegfliegen lassen.

So vorbereitet, erschien man vor dem alten weisen Mann und fragte ihn wie zuvor besprochen.

Nach einiger Überlegung antwortete der alte weise Mann auf die erste Frage: »Das, was Ihr in der Hand haltet, kann nur ein ganz winziges Vögelein sein.«

»Nun gut«, sagten die Neidischen, »da magst du recht haben, aber handelt es sich um ein lebendes oder ein totes Vögelein?« Der alte weise Mann wiegte seinen Kopf eine Weile hin und her, schaute dem Frager dann in die Augen und sagte: »Ob das, was Ihr in der Hand haltet, lebt oder tot ist, das liegt allein in Eurer Hand«.
Der Weise wusste, dass wir alle die Möglichkeit haben, die Wirklichkeit zu verändern. Er kannte auch die Denkweise der Frager und konnte daher entsprechend antworten.

Antwort Battegay

Eifersucht und Neid sind bei den Menschen seit jeher bekannt. Schon in der Bibel ist davon die Rede. Im Alten Testament wird im 1. Buch Mose, 37. Kapitel, Verse 4–11, darüber berichtet, dass Joseph von seinem Vater mehr geliebt wurde als seine elf Brüder und er einen entsprechenden Traum hatte. Die Verse in der Luther-Übersetzung:

4. Da nun seine Brüder sahen, dass ihn ihr Vater lieber hatte als alle seine Brüder, waren sie ihm feind und konnten ihm kein freundlich Wort zusprechen.
5. Dazu hatte Joseph einmal einen Traum und sagte seinen Brüdern davon; da wurden sie ihm noch feinder.
6. Denn er sprach zu ihnen: Höret doch, was mir geträumt hat.
7. Mich deuchte wir banden Garben auf dem Felde und meine Garbe richtete sich auf und stand, und eure Garben umher neigten sich vor meiner Garbe.
8. Da sprachen seine Brüder zu ihm: Solltest du unser König werden und über uns herrschen? und wurden ihm noch feinder um seines Traumes und seiner Rede willen.
9. Und er hatte noch einen andern Traum, den erzählte er seinen Brüdern und sprach: Siehe, ich habe noch einen Traum

gehabt: Mich deuchte, die Sonne und der Mond und elf Sterne neigten sich vor mir.

10. Und da das seinem Vater und seinen Brüdern gesagt ward, strafte ihn sein Vater und sprach zu ihm: Was ist das für ein Traum, der dir geträumt hat? Soll ich und deine Mutter und deine Brüder kommen und vor dir niederfallen?

11. Und seine Brüder beneideten ihn. Aber sein Vater behielt diese Worte.

Eifersucht und Neid der Brüder gingen so weit, dass sie ihn ermorden wollten, ihn aber schließlich den Ismaeliten verkauften, die ihn nach Ägypten brachten. Das biblische Beispiel zeigt anschaulich, wie die feindseligen Gefühle der elf Brüder durch den Umstand zustande kamen, dass Jakob seinen jüngsten Sohn Joseph gegenüber den anderen Söhnen bevorzugte.

Eifersucht und Neid sowie das Sinnen auf Rache und der Wunsch nach Eliminierung tatsächlich oder vermeintlich Bessergestellter sind auch heute noch überall auf der Welt innerhalb von Familien wie auch unter Völkern und Nationen zu erkennen. Tatsächliche oder auch empfundene Benachteiligungen von Einzelnen, Gruppen oder Völkern können zu Eifersucht, Neid und Rachegefühlen führen und zu schwersten Aggressionen Anlass geben.

Als Psychiater habe ich es aber häufig mit Menschen zu tun, die in ihrer Kindheit und Jugend weder Liebe noch Zuwendung erfahren haben. Aber auch übermäßig Behütete, die keine Selbstständigkeit zu erlangen vermochten, sind oft von Eifersucht und Neid auf andere erfüllt. Psychotherapeutische Hilfe ist oftmals unumgänglich. Die Betroffenen müssen ihre Gefühle des Zukurzgekommenseins und ihre daraus folgenden Eifersuchts- und Neidtendenzen zu erkennen und gleichzeitig die in ihnen schlummernden kreativen Seiten zu entdecken und weiterzuentwickeln versuchen. Jeder Eifersüchtige und Neidische müsste erkennen lernen, dass er ein außerordentlich umfangreiches Potential in sich trägt, das kreativ zu nutzen ist.

Auf diesem Wege kann ein innerer Reichtum erlangt werden, der, wenn er für das eigene Wohlergehen eingesetzt wird, die Betreffenden allmählich merken lässt, dass die damit verbundene innere Reifung dem Menschen zumindest ebenso viel Glanz zu verleihen vermag wie alle Besitztümer, um die sie andere beneiden. Voraussetzung für eine solche Entwicklung ist aber die Bereitschaft, stets bewusst an sich zu arbeiten, um so zu innerer Ausgeglichenheit zu gelangen und mit den Mitmenschen friedfertige Beziehungen zu pflegen.

Antwort Peseschkian

Ein Fallbeispiel:

Eine 34-jährige Lehrerin war von ihrem zwei Jahre älteren Ehemann aus Eifersucht geschlagen worden. Die Schläge waren für sie eine noch nie da gewesene Kränkung. Die Frau zog in eine andere Stadt und reichte die Scheidung ein. Nach etwa einem Jahr kam es bei ihr zu einer schweren seelischen Krise, und sie unterzog sich einer Psychotherapie, weil sie sich eigentlich wieder mit ihrem Ehemann versöhnen wollte.
Der Unterschied zwischen Eifersucht und Neid ist, dass ein eifersüchtiger Mensch Angst hat, jemanden oder etwas zu verlieren, das er zu besitzen glaubt, und ein neidischer Mensch das haben will, was andere besitzen.

Umgang mit Eifersucht

Eifersucht in Maßen gilt als normal. Schädlich werden Eifersuchtsgefühle dann, wenn sie andauern, den Betreffenden in Depressionen stürzen oder in permanente Anspannung versetzen. Extreme Eifersucht kann eine Partnerschaft extrem belasten.

Merke

Eifersucht führt häufig zu Scheidung oder Trennung. Eifersucht ist auch häufiges Motiv für Gewalttaten bis hin zu Tötungsdelikten, zumeist verübt von Männern an ihren Partnerinnen.

Eifersucht ist eine Leidenschaft,
die mit Eifer sucht, was Leiden schafft.

Neid ist ein typisches Phänomen von Gesellschaften, die Gerechtigkeit mit Gleichheit gleichsetzen.

Freunde beseitigen den Neid, indem sie ihre Güter dem Freunde anbieten oder indem sie die seinen als die ihren ansehen.

(Sokrates)

Frage 12:
Ich fühle mich für alles verantwortlich. Was kann ich tun?

Geschichte

Die Gemüse werden zu einem Eintopf gekocht. Jeder Feinschmecker weiß, dass diese Suppe etwas ganz anderes ist als nur die Summe der Zutaten. So wie der Gesamtgeschmack nicht auf das eine oder andere Gemüse zurückgeführt werden kann, so können auch Lösungsvorschläge und Erfolge einer Gruppe nicht auf den Beitrag einer einzelnen Person zurückgeführt werden, sondern sind das Ergebnis von Gruppenarbeit.

Antwort Battegay

Auch wenn man sich für alles verantwortlich fühlt, muß die Individualität des Partners akzeptiert werden. Nur wenige Erwachsene ertragen es, dass ihnen in Partnerschaft oder Ehe jegliche Verantwortung abgenommen wird. Im Zusammenleben von Partnern ist es also notwendig, die Verantwortung zu teilen. *Dies ist schon deshalb wichtig, weil bei einer möglichen Trennung der Partnerschaft oder gar beim Tod eines Partners der Zurückbleibende nicht mehr gewohnt wäre, seine Angelegenheiten selbstständig zu regeln.*

Antwort Peseschkian

Verantwortung ist das Gegenteil von passiver Toleranz. Man kann jemanden als gleichberechtigt ansehen und ihm seine Freiheit zubilligen. Die Toleranz, die man dabei wahrt, ist jedoch häufig ein Zeichen von Indifferenz und Gleichgültigkeit. Erst wenn man sich verantwortlich fühlt, also den verpflichtenden Charakter von Freiheit und Gleichberechtigung akzeptiert, kann aktive Toleranz entwickelt werden. Aktive Toleranz meint die Fähigkeit, sich mit dem anderen quasi zu identifizieren, die Einzigartigkeit seiner Persönlichkeit anzuerkennen, ihn also anzunehmen, wie er ist.

Gleichberechtigung, Freiheit und Verantwortung sind Aufgaben, die von einem Heranwachsenden nicht von einem Tag auf den anderen gelernt werden können.

In drei Monaten bin ich 18, dann kann ich machen, was ich will. Diese Aussage ist ein gutes Beispiel dafür.

Merke

Ein kluger Mensch macht nicht alles selbst, sondern gibt auch anderen eine Chance.

Frage 13:
Ich trauere noch immer
um meinen Partner.
Was kann ich tun,
um mich wieder im Leben
zurechtzufinden?

Geschichte: Die Signale des Todesengels

Ein Mann hatte mit einem Todesengel Freundschaft geschlossen. Eines Tages sagte er zu dem Todesengel: »Du Erfolgreichster aller Zeiten: Wohin Du auch gehst, Du kommst immer zum Ziel. Ich habe eine Bitte an Dich: Sage mir rechtzeitig Bescheid, bevor Du mich abholst«. Der Todesengel stimmte zu. Eines Tages kam er zu seinem Freund und sagte: »Morgen werde ich Dich abholen«. »Das kann nicht Dein Ernst sein«, sagte der Mann, »Du hast mir doch versprochen, mir rechtzeitig Bescheid zu geben«. Da antwortete der Todesengel: »Ich habe Dir sehr viele Zeichen gegeben, aber Du hast nie meine Signale verstanden: Als Dein Vater starb, wusstest Du es nicht zu deuten; als Deine Mutter starb, hörtest Du nicht auf diese Botschaft; als ich Deinen Schwager, Deinen Nachbarn und Deinen Freund nacheinander abholte, hast Du die Augen verschlossen … Komm morgen mit mir!« Als der Engel den Freund am nächsten Tag abholte und in den Himmel führte, zeigte er ihm Scharen von verstorbenen Menschen, die laut riefen: »Warum hast Du uns nicht rechtzeitig Bescheid gesagt? Wir hätten vorher doch noch so viel erledigen können!« »Du siehst nun«, sagte der Todesengel, »wie die Menschen mit meinen Signalen umgehen!«

Antwort Battegay

Bestand eine echte, gefühlsmäßig tiefgehende Beziehung zu einem Partner, so ist die Trauer um dessen Verlust nichts als natürlich. Doch sollte diese nicht über Jahre andauern, da sonst die eigenen Möglichkeiten zur Weiterentwicklung brachliegen und auch der Kontakt zu anderen Menschen verloren geht. Nach langer Trauerperiode sollten wir uns den Mitmenschen wieder öffnen und zuwenden.
Dabei müssen wir daran denken, dass der Partner, der uns in Liebe verbunden war, es wohl verstehen würde, wenn wir uns nicht für immer in Trauer von allen anderen Menschen zurückzögen. Nehmen wir wieder Verbindung mit unseren Mitmenschen auf, so geben wir diesen schließlich, zumindest unbewusst, auch die in uns weiterlebenden Gefühle und Gedanken des Verstorbenen weiter.

Antwort Peseschkian

Beim Umgang mit Verlust, Trauer und Tod stoßen viele Menschen an ihre Grenzen. Über das Sterben und die Zeit nach dem Tod wissen wir noch kaum etwas. Aber der Tod gehört nun einmal zum Schicksal jedes Menschen. Die Einstellung zum Tod aber ist bei jedem Menschen unterschiedlich. Zudem wandelt sich die Einstellung dazu mit zunehmendem Alter.
So können sich Konflikte und Ängste bilden; viele Menschen verdrängen jedoch alle Gedanken an den Tod ganz einfach. Jedoch ist die Einstellung zu Verlust und Tod nicht nur durch individuelle Erfahrungen bestimmt, sondern auch durch den Umgang der Gesellschaft mit diesem tabuisierten Thema.

Umgang mit Verlust, Trauer und Tod in verschiedenen Kulturen

In bestimmten Religionen und Gesellschaften ist es wünschenswert oder vorgeschrieben, dass der Trauernde so gefasst wie möglich trauert. Andere Trauerrituale gestalten sich exzessiv. Sie werden noch unterstützt durch Klageweiber.

Was tun bei extremer Trauerreaktion?

Sowohl medikamentöse Unterstützung als auch Maßnahmen wie Schlaftherapie erweisen sich als erfolgreich, wenn die Trauer zu körperlicher und seelischer Erschöpfung geführt hat. Bei Ängsten und Depressionen wäre eine psychotherapeutische Behandlung zu erwägen. Dadurch ermöglichen wir dem Patienten, die Konfliktsituation zu verarbeiten und das Geschehene zu akzeptieren.

Merke

Bedenkt man den eigenen Tod – den stirbt man nur.
Doch mit dem Tod der anderen muss man leben.
(Mascha Kaleko)

Tod ist die vorläufige Abrechnung.
(Wilhelm Busch)

Frage 14:
Wie kann ich Menschen helfen, die trauern?

Geschichte: Gib Du ihm Deine Hand

Ein Mann war in einem Sumpf versunken. Nur sein Kopf schaute noch aus dem Morast heraus. Lauthals schrie er um Hilfe. Bald sammelte sich eine Menschenmenge um den Ort des Unglücks, und einer fasste den Mut, dem Verunglückten zu helfen. »Gib mir Deine Hand«, rief er zu ihm herüber. »Ich werde Dich aus dem Sumpf herausziehen.« Doch der Versunkene schrie weiterhin um Hilfe und tat nichts, damit der andere ihn herausziehen konnte. »Gib mir Deine Hand«, forderte dieser ihn mehrere Male auf. Die Antwort war lediglich ein erbärmliches Schreien um Hilfe. Da trat ein anderer Mann hinzu und sprach: »Du siehst doch, dass er Dir niemals die Hand geben wird. Gib Du ihm Deine, dann wirst Du ihn retten können«.

Antwort Battegay

Menschen, die trauern, können nicht mit forsch vorgebrachten Ratschlägen aus der Trauer gerissen werden; hierbei fühlen sie sich unverstanden. Trauernden muss mit Einfühlung begegnet werden. Es sollte bei dem Helfenden die Bereitschaft bestehen, dem Trauernden zu zeigen, dass das Hilfsangebot echt ist. Das bedeutet, dass der Helfende durch seine Einfühlung und auch durch tatkräftige Hilfe versucht, die Betroffenen in ihrer Not so lange zu begleiten, bis diese sich wieder gefasst haben.

Antwort Peseschkian

Viele Menschen meiden die Berührung mit dem drohenden Tod. Sie wollen jenes angstbesetzte Ereignis aus dem Denken und dem Erleben verbannen.

Tod und Erziehung

Die Einstellung zu Verlust und Tod hängt von zahlreichen Faktoren ab: von Erziehung, Tradition, Religion, Gesellschaft und den eigenen Lebenserfahrungen. Selbst wenn über den Tod nicht offen gesprochen wird, wird durch dieses Verhalten der Umgebung eine bestimmte Einstellung zu diesem Thema beim Kind gesetzt. Wenn beispielsweise eine Mutter nach dem Tode ihrer Mutter in tiefe Trauer verfällt, Weinkrämpfe hat und fortwährend zeigt, wie sie leidet, wird sie hinsichtlich der Haltung gegenüber dem Tod zum Vorbild des Kindes. Den Verlust eines Menschen erlebt das Kind nicht nur als ein unfassbares Geschehen, sondern als ein Ereignis, das die Mutter krank macht. So werden nicht nur die Trauerrituale überliefert; es scheint sich sogar eine Familientradition herauszubilden.
Oft hilft es auch, die Situation aus einem anderen Blickwinkel zu betrachten.
So hatte eine Frau nach dem Tod ihres Mannes eine ausgeprägte Todesangst entwickelt. Immer, wenn sie abends allein in der Wohnung war, überkam sie das Gefühl, sie müsse sterben: »Ich kann einfach nicht mehr, ich habe solche Angst.« Ich gab ihr zu bedenken, dass sie schon viele Male gestorben sei. Sie war konsterniert: »Was meinen Sie damit?« Ich zitierte einen Satz von Shakespeare: »Der Feige stirbt schon vielmals, ehe er stirbt. Die Tapferen kosten einmal nur den Tod.« Bei dem Wort »feige« schluckte sie und meinte: »Eigentlich bin ich mir bisher immer recht tapfer vorgekommen, aber trotzdem stimmt das mit dem

»öfter Sterben«. Die Angst, die ich dabei ausstehe, kann beim echten Tod nicht schlimmer sein.«
Durch dieses Gespräch war der Weg zu der Erkenntnis frei, dass es eigentlich ihre Einstellung zum Tod war und nicht der Tod selbst, der sie mit Angst erfüllte.

Merke

In der heftigen Trauerreaktion versucht ein Hinterbliebener, den Tod einer geliebten Person zunächst nicht wahrhaben zu wollen, ihn zu überspielen oder rückgängig zu machen. Während die normale Trauerarbeit nach einer gewissen Zeit beendet ist, setzt sich die abnorme Trauerreaktion bis zur Erschöpfung fort. Therapeutischer Beistand kann hier hilfreich sein.

Zur Liebe gehört immer, dass man einen Menschen dort aufsucht, wo er ist, und nicht dort, wo man ihn haben möchte.

(A. Kölsch)

Frage 15:
Wie finde ich heraus, wer ich wirklich bin?

Geschichte: Schatten auf der Sonnenuhr

Im Orient wollte einst ein König seinen Untertanen eine Freude bereiten und brachte ihnen, die keine Uhr kannten, von einer Reise eine Sonnenuhr mit. Sein Geschenk veränderte das Leben der Menschen im Reich. Sie begannen, die Tageszeiten zu unterscheiden und ihre Zeit einzuteilen. Sie wurden pünktlicher, ordentlicher, zuverlässiger und fleißiger und brachten es zu großem Reichtum und Wohlstand. Als der König starb, überlegten sich die Untertanen, wie sie die Verdienste des Verstorbenen würdigen könnten. Und weil die Sonnenuhr das Symbol der Gnade des Königs und die Ursache des Erfolges der Bürger war, beschlossen sie, um die Sonnenuhr einen prachtvollen Tempel mit goldenem Kuppeldach zu bauen. Doch als der Tempel vollendet war und sich die Kuppel über der Sonnenuhr wölbte, erreichten die Sonnenstrahlen die Uhr nicht mehr. Der Schatten, der den Bürgern die Zeit gezeigt hatte, war verschwunden, der gemeinsame Orientierungspunkt, die Sonnenuhr, verdeckt. Der eine Bürger war nicht mehr pünktlich, der andere nicht mehr zuverlässig, der dritte nicht mehr fleißig. Jeder ging seinen Weg. Das Königreich zerfiel.

Antwort Battegay

Erhält ein Mensch von Geburt an, in seiner Kindheit und Jugend, Liebe und Zuwendung, kann er sich eigenständig entwickeln, so kann sich in ihm Selbstgewissheit entfalten. Wird er aber von klein auf nicht geliebt – oder aber grenzenlos verwöhnt – so kann er kaum Selbstsicherheit erlangen. Werden Kinder oder Jugendliche nur gelobt, wenn sie sich entsprechend den Vorstellungen der Eltern oder Erzieher verhalten, so werden sie in Bezug auf ihr wahres Selbst verunsichert. Auch bei negativem Verlauf der Kindheit kann sich ein starkes Selbst entwickeln, indem man innerhalb der Gesellschaft trotz Verunsicherung und Selbstzweifel beispielsweise soziale Aufgaben übernimmt. Sollte aber die Selbstunsicherheit bestehen bleiben, wäre psychotherapeutische Hilfe angebracht.

Antwort Peseschkian

Wenn wir fragen, woher ein Mensch seine Eigenarten, Ansichten und Werturteile hat, kommen wir mit großer Wahrscheinlichkeit auf die unmittelbare Umgebung zu sprechen, in der er aufgewachsen ist, nämlich seine Familie. Der Zusammenhalt und Fortbestand einer Gesellschaft erhält sich über die Spielregeln, die ein Mensch in seiner Familie gelernt hat. Gemeinsam geteilte Werte geben in einer Gesellschaft Orientierung. Ein positives Familienklima ist unabdingbar zur Entwicklung der Eigenständigkeit, aber es kommt auch darauf an, die richtige Distanz zu finden: zu sich selbst und zu anderen Menschen.

Merke

Arthur Schopenhauer hat die soziale Bedeutung von Nähe und Distanz in das Bild von den Stachelschweinen gefasst, die sich in der Kälte aneinander wärmen wollten: Kommen sie sich zu nahe, dann stechen sie sich gegenseitig mit ihren Stacheln, bleiben sie zu weit voneinander entfernt, so profitieren sie nicht von der Wärme der Nähe. Und so müssen sie immer ausprobieren, was der richtige Abstand ist.

Klugheit besitzt jeder, der eine vorher, der andere nachher.

Frage 16: Woher weiß ich, was ich wirklich will?

Metapher: Dem Glück auf die Sprünge helfen

Wir können eine Eisenstange benutzen, um daraus eine gewisse Zahl Hufeisen herzustellen. Durch den Verkauf kann man eventuell den eingesetzten Betrag vervierfachen.
Wenn wir aber dieselbe Eisenstange zur Weiterverarbeitung geben und sie schließlich in einer Mechanikerwerkstatt für die Herstellung von Nadeln landet, können die Produkte um das Fünfzigfache des Ursprungspreises Gewinn bringen.
Dient die Eisenstange aber als Ausgangsprodukt für eine Uhrfeder einer Schweizer Uhrmanufaktur, kann sich der Wert tausendfach steigern.
Der Wert unserer Zeit, die wir im Leben zur Verfügung haben, ist mit der Eisenstange vergleichbar. Es kommt darauf an, was für ein Endprodukt wir mit unserem Energieaufwand im Leben anbieten.

Antwort Battegay

Diese Frage hängt eng mit der vorhergehenden zusammen. Wer ein wirklich starkes Selbst und Selbstgefühl entwickelt hat, wird kaum Schwierigkeiten haben, herauszufinden, was er wirklich will. Die Selbstunsicheren müssen wissen, dass ihr Zögern, sich für etwas Konkretes, zum Beispiel für einen ganz bestimmten Beruf, zu entscheiden, nicht dazu führen sollte, alles auf die

»lange Bank« zu schieben. *C. G. Jung,* der Begründer der »Komplexen Psychologie«, hat betont, dass es besser sei, eine Fehlentscheidung zu treffen, als keine Entscheidung zu fällen. Es ist z. B. auch zu berücksichtigen, dass die uns von Geburt an mitgegebenen wie auch die anerzogenen Fähigkeiten nie nur auf eine Möglichkeit hinweisen. Uns bleiben in der Regel verschiedene Wahlmöglichkeiten; wir sollten stets versuchen, in jedem Bereich unser Bestes zu geben.

Das, was uns an einer Entscheidung hindert, ist meist ein unbewusster Konflikt oder eine Versagensangst. Wenn man das Dilemma nicht alleine zu beheben vermag, sollte man sich nicht scheuen, auch psychotherapeutische Hilfe in Anspruch zu nehmen.

Antwort Peseschkian

Die Zielerweiterung in einer Therapie orientiert sich an den neurotischen Einengungen des Wertgesichtsfeldes, an den vielschichtigen Störungen der zwischenmenschlichen Beziehungen, die sich zumeist nur auf wenige Fähigkeitsbereiche konzentrieren, an der Einschränkung der Zielsetzung und der Blockierung der Spontaneität. Es geht darum, das Blickfeld eines Patienten zu erweitern. Er lernt, sein Leben neu zu gestalten und wieder Ziele ins Auge zu fassen, die er vor seiner neurotischen Einschränkung verfolgte, die aber in den Hintergrund gedrängt worden waren. Der persönlichen Initiative des Patienten wird besondere Aufmerksamkeit gewidmet. Er lernt, durchaus im Sinne der Ablösung, selbstständig zu handeln und seine weitere Entwicklung selbst zu gestalten. Mittel dazu sind die Familien-, Partner- und Elterngruppe sowie die Technik des Rollentausches.

Die zu erreichenden Ziele werden eingeteilt in Mikroziele (Planung der nächsten Zeit) und Makroziele (auf die Zukunft gerichtet). Hierbei werden Fragen akut wie die nach dem Sinn banaler Tätigkeiten, dem Sinn des Lebens etc. Der Patient kann etwa sein Kontaktkonzept ergänzen, indem er beispielsweise die Beziehung zu seinem Partner intensiviert oder neue Kontakte wie zu Freizeit- und Sportgemeinschaften, Vereinen, Parteien, religiösen Gemeinden knüpft.

Merke

Für uns alle gilt es, die besonderen und individuellen Stärken und Fähigkeiten des anderen Menschen zu erkennen. Es kommt nicht so sehr darauf an, dass ein Mensch mit anderen hinsichtlich einer Fähigkeit gut konkurrieren kann und sich sogar dort als der Beste erweist. Wichtiger erscheint vielmehr, unabhängig von einem derartigen Vergleich die besonderen Fähigkeiten zu erkennen und ihre Entwicklung zu unterstützen. Manche Menschen sind mehr praktisch begabt, andere besitzen mehr abstrakte Fähigkeiten. Manche zeigen organisatorische Fähigkeiten, wieder andere zeigen sich auf künstlerischem Gebiet erfolgreich. Es gibt somit genügend Möglichkeiten, innerhalb derer jemand seine besonderen Fähigkeiten entwickeln kann.

Träume nicht dein Leben,
lebe deinen Traum.

Frage 17:
Wie kann ich meine Zeit und Energie sinnvoll nutzen?

Geschichte: Der Schatz des Wissens

Der Traktor eines Bauern lief nicht mehr. Alle Versuche des Bauern und seiner Freunde, das Fahrzeug zu reparieren, misslangen. Schließlich rang sich der Bauer durch, einen Fachmann herbeiholen zu lassen. Dieser schaute sich den Traktor an, betätigte den Anlasser, hob die Motorhaube an und beobachtete alles ganz genau. Schließlich nahm er einen Hammer. Mit einem einzigen Hammerschlag an einer bestimmten Stelle des Motors machte er ihn wieder funktionsfähig. Der Motor tuckerte, als wäre er nie kaputt gewesen. Als der Fachmann dem Bauern die Rechnung gab, war dieser erstaunt und ärgerlich: »Was, du willst fünfzig Tuman, wo du nur einen Hammerschlag getan hast!« »Lieber Freund«, sagte da der Fachmann, »für den Hammerschlag berechne ich nur einen Tuman. Neunundvierzig Tuman muss ich für mein Wissen verlangen, wo dieser Schlag zu erfolgen hatte.«

Antwort Battegay

Wenn man selbst bemerkt, dass man seine Zeit nutzlos verstreichen lässt, ohne etwas zielgerichtet zu tun, so kann es sich als sinnvoll erweisen, für die Freizeit einen Plan zu erstellen. Darin wäre zu vermerken, mit welchen Aktivitäten man die freien Stunden des Tages füllen könnte. In diesem Plan sollten aber nicht nur äußere Verpflichtungen, wie z. B. das Erlernen einer Fremdsprache, aufscheinen, sondern auch Hobbys, die zur Freizeitgestaltung gehören, wie Sport, Lesen oder ein Treffen mit Freunden. Ein solcher Tagesplan könnte vor allem Menschen helfen, die sich am Ende eines Tages oder Wochenendes etwa fragen, womit sie sich überhaupt während der ganzen Zeit beschäftigt haben. *Eine Strukturierung des Tages kann helfen, wirklich etwas Sinnvolles mit einem Tag anzufangen, aber auch, sich an jene Aktivitäten gern zu erinnern.*

Antwort Peseschkian

Sicherlich, wir wissen nicht, wie viel Energie jedem einzelnen Menschen tatsächlich zur Verfügung steht. Mitunter kann man erleben, dass man gar keine Energie mehr hat oder aber, dass man ungeahnte Energiereserven mobilisieren kann.
Ein »Energieplan« könnte in etwa so aussehen: Energie und Zeit, die man für sich, seinen Partner, für die Mitmenschen, für den Sinn des Lebens aufwendet.

Merke

Liebst du das Leben?
Dann verschwende nicht die Zeit,
denn aus ihr besteht das Leben.
(Benjamin Franklin)

Frage 18:
Wie kann ich bewusster leben?

Eine Geschichte aus dem Leben:
»Wie sollte ich es wissen?«

»Ich habe einen Fall in meinem Leben, wo mein Verstand ausgesetzt hat. Das war die Verlobung und die Schwangerschaft. Da habe ich Dinge getan, die ich mir heute nicht erklären kann. Ich war richtig dumm, abhängig wie ein Schaf und empfindlich wie ein Kind. Ich bin hinter meinem damaligen Freund hergelaufen. Nachträglich fand ich das schlimm. Ich habe damals Dinge getan, die ich als bewusster Mensch nie tun würde. Heute versuche ich dagegen, sehr reflektiert zu sein. Wenn ich etwas mache, dann überlege ich es mir ganz genau. So etwas wie damals passiert mir nicht mehr.«

Antwort Battegay

Jeder Mensch verspürt den Wunsch nach einem bewussten Leben. Einfach in den Tag hineinzuleben, ohne sich Gedanken zu machen, was um uns herum geschieht, ist für viele Menschen allerdings weniger anstrengend. Doch verpasst ein so lebender Mensch, wichtige Dinge wahrzunehmen. Nicht nur, dass er in diesem Fall wenig über sein Innenleben und seine Motivation für sein Tun weiß, sondern auch der Umstand, dass er kaum bemerkt, was in seiner Umgebung abläuft, kann ihn zum »Spielball« anderer werden lassen. Nur wenn ein Individuum bewusst

wahrnimmt, was in ihm selbst und in seiner Umgebung abläuft, wird es seine Eigenständigkeit erreichen.
Möchte jemand lernen, bewusster zu leben, ist es notwendig, sich stets selbst und die Umwelt ebenso aufmerksam zu beobachten.

Antwort Peseschkian

Konflikte und Störungen entstehen zumeist im Alltagsleben. Probleme kann man aber auch als Chance nutzen, durch Selbsthilfe. Allerdings können einige dieser Selbsthilfemaßnahmen den Nachteil haben, noch mehr Schwierigkeiten hervorzurufen. Es kommt daher darauf an, solche Maßnahmen der Selbsthilfe zu finden, die für die Partner annehmbar und durchführbar sind. So kann eine bewusstere Partnerschaft entstehen.

Merke

Das Beste zu wissen und nicht zu tun,
heißt das Beste nicht zu wissen.
(Immanuel Kant)

Frage 19:
Wie übe ich Gelassenheit?

Experiment: Gedanken sind wie Keime – ich erfahre das, was ich erwarte

Ein Asthmatiker wurde von einem schweren Asthmaanfall überrascht. Es war dunkle Nacht, und er befand sich in einem Hotel und meinte, er müsste ersticken. Er stürzte zur Tür, öffnete sie und atmete mehrfach tief durch. Die frische Luft tat ihm gut und sein Asthmaanfall ließ bald nach. Als er am nächsten Morgen erwachte, stellte er fest, dass er nicht die Tür des Zimmers geöffnet hatte, sondern lediglich die Tür des Kleiderschrankes.

Antwort Battegay

Gelassenheit vermag nur ein Mensch zu erwerben, der sich nicht ständig vor dem Urteil seiner Mitmenschen fürchtet. Wird ein Kind außerordentlich streng oder aber verwöhnend erzogen, wird es später dazu neigen, die Mitmenschen als urteilend oder verurteilend zu erleben. Dieser Mensch fühlt sich dann so, als wenn man ständig über ihn zu Gericht säße. Ein solches Individuum wird deshalb üben müssen, trotz erwarteter negativer Reaktionen ihm gegenüber die an ihn gestellten sozialen und beruflichen Anforderungen zu erfüllen.
Auch wenn es zunächst schwerfallen mag, aktiv etwas zu tun – es lohnt sich. Allmählich kann man selbstsicherer und somit auch gelassener werden.

Antwort Peseschkian

»Bei mir jagen sich die Termine so, dass ich Herzbeschwerden bekomme!«
Manche Menschen fallen gerade dadurch auf, dass sie sich auf sich selbst zurückziehen und auf die Zuwendung und das Mitgefühl der anderen warten.
Sie befinden sich in der Rolle des Nehmenden, ohne dass sie selbst in der Lage wären, zu geben. Oft sind sie zu erschöpft dazu. Hinter dieser Erschöpfung verbirgt sich eine nicht unerhebliche Selbstheilungstendenz: Man vermeidet äußere Anforderungen und erreicht dadurch eine vorübergehende Stabilisierung des inneren Gleichgewichts. Auf den ersten Blick erscheint ein solcher Mensch tatsächlich »energiearm«. Häufig fehlt es ihm sogar an der Kraft, seine täglichen Belange zu ordnen. Doch auch diese seelische Befindlichkeit, in der zusätzliche Anstrengungen vermieden werden, erfordert einen relativ großen Energieaufwand. Anzeichen hierfür sind etwa die Zeit, die ein Mensch aufbringt, um über sein Problem nachzugrübeln, mit anderen über seine Krankheit zu sprechen, und die Verbissenheit, mit der er Schuldgefühle, festgefahrene Haltungen und Überzeugungen verteidigt. Oft kann es helfen, sich ein paar einfache Fragen zu stellen, um neue innere Energiequellen zu finden.
Sind Sie der Meinung, dass Sie allen wichtigen Dingen Ihres Lebens genügend Zeit einräumen?
Wofür wenden Sie sehr viel Zeit auf (für Gesundheit, Beruf, Familie oder Zukunft und Phantasie)?

Merke

Wenn das Ziel fehlt, verdoppelt sich das Tempo.

Frage 20:
Wie gehe ich mit Krankheiten um?

Geschichte: Der »Urschrei des Kalifen«

Eine schwere Krankheit hatte den König von Khorasán, Amir Mansurebue Nuh, befallen. Alle Behandlungsversuche schlugen fehl. Der große und bekannte persische Arzt Rasi (865–925 n. Chr.) wurde schließlich zu Rate gezogen. Er versuchte alle überlieferten Behandlungsformen, doch ohne Erfolg. Schließlich bat Rasi den König, die Behandlung so durchführen zu lassen, wie er es für richtig finde. Der König stimmte zu. Rasi bat den König um zwei Pferde; diese wurden herbeigeschafft. Am Morgen des folgenden Tages befahl Rasi, den König in das Bad »Jouze Mulian« in Buchara zu bringen. Da sich der König nicht bewegen konnte, trug man ihn auf einer Sänfte. Im Bad angekommen, hieß Rasi den König sich zu entkleiden, und befahl, dass alle Diener sich entfernen sollten.
Die Pferde ließ Rasi vor dem Eingang des Bades festbinden. Den König legte er in eine Wanne und übergoss ihn in schneller Folge mit heißem Wasser. Zugleich flößte er ihm heißen Sirup ein. Rasi stellte sich nun vor den König hin und begann, diesen auf übelste Weise zu beschimpfen und zu beleidigen. Der König war schockiert und regte sich fürchterlich auf. In seiner ungeheueren Erregung bewegte sich der König. Als Rasi dies sah, zog er sein Messer, trat nahe an den König heran und drohte, ihn umzubringen. Seine Todesangst gab dem König plötzlich die Kraft, aus der Wanne aufzustehen und zu fliehen. Auch Rasi floh aus den Mauern der Stadt.

Der König brach erschöpft zusammen; als er aus seiner Ohnmacht erwachte, konnte er sich bewegen. Zornig schrie er nach seinem Diener, ließ sich ankleiden und ritt zurück zu seinem Palast. Die Menschen jubelten, als sie ihren König, frei von seinen Gebrechen, sahen. Acht Tage später erreichte den König ein Brief Rasis, in dem jener seine Vorgehensweise erklärte: »Ich tat zunächst alles, was ich als Arzt gelernt hatte. Als dies keine Früchte brachte, erhitzte ich deinen Körper künstlich und gab dir durch deinen Zorn die Kraft, deine Glieder zu bewegen. Dann verließ ich rasch die Stadt, um deiner Strafe zu entfliehen. Ich bitte dich, mich nicht zu dir zu zitieren, da ich mir meiner »Schuld« bewusst bin, die ich dir in deiner Hilflosigkeit zugefügt habe und für die ich mich abgrundtief schäme.«
Als der König dies las, erfüllte tiefe Dankbarkeit sein Herz und er bat Rasi zu ihm zu kommen, damit er ihm danken könne.

Antwort Battegay

Der menschliche Organismus ist nun einmal krankheitsanfällig. Schon akute Erkrankungen, wie grippale Infekte, zwingen uns zur Bettruhe. Chronische Leiden, auch die der Psyche, können uns zwingen, unseren Lebensrhythmus vollkommen zu ändern. Lebensbedrohliche Krankheiten hindern uns sogar, unsere Lebenspläne zu verwirklichen. Dieser Umstand berührt aber nicht nur die von Krankheit Betroffenen, sondern auch deren nahe Angehörige. Insbesondere langwierige und zum Tod führende Leiden lassen uns einerseits spüren, wie sehr wir in solchen Fällen abhängig sind von unserem familiären Umfeld oder vom Pflegepersonal, andererseits, dass wir auf dem letzten Weg doch allein sind. Selbst bei bester Sterbebegleitung ist jeder Mensch im Augenblick des Todes allein. Dieses Schicksal teilen alle Menschen. Kein früherer äußerer Glanz kann nun noch wirken. Im Innewerden dieses Um-

standes wird vielen Menschen angst und bang. Individuen, die in jungem Alter von einem schweren Leiden getroffen werden, fragen sich: »Warum wird gerade mir dieses Schicksal zuteil?«
Je mehr wir uns dessen bewusst werden, dass Krankheiten jeden Menschen treffen können, desto eher werden wir das Kranksein zu tragen wissen. Während einer Krankheit gewinnt der Mensch eine Gefühlstiefe, die er vielleicht in gesunden Zeiten nicht zu erreichen vermag. Der Mensch wird dankbar für die ihm entgegengebrachte Zuwendung und Liebe. Durch Krankheit öffnet sich in einem Menschen oft eine Gefühlsseite, die ihm zuvor mehr oder weniger verschlossen blieb. Wenn manche Menschen vehement gegen Krankheiten ankämpfen, mag es ihnen und ihren Angehörigen doch das Leben erleichtern, wenn sie bereit sind, die Krankheit anzunehmen. Das soll nicht bedeuten, dass man keine Hoffnung mehr haben darf, doch wird man gut daran tun, durch Krankheit auch eine Möglichkeit zu erhalten, existentielle Erkenntnisse und Lebenssinn zu gewinnen. Vielleicht wird der Kranke dadurch auch erkennen, dass vieles von dem, was er in seinem Leben geschaffen hat, wenn oft auch unbemerkt, in anderen Menschen weiterleben wird.

Antwort Peseschkian

In meiner psychotherapeutischen und psychiatrischen Praxis werde ich häufig mit einem Missverständnis konfrontiert: Wenn jemand Fieber, Kopfschmerzen, Magenbeschwerden oder Herzbeschwerden hat, behandelt man ihn mit besonderer Rücksicht. Benimmt er sich aber in unseren Augen »komisch«, d. h. anders als wir es gewohnt sind und womöglich sogar noch aggressiv oder depressiv, ist bald unsere Toleranzgrenze erreicht. Mit anderen Worten, in solchen Situationen reagieren wir selbst unangenehm berührt oder aggressiv. Dass diese Verhaltensweisen jedoch den

Charakter der Krankheit haben könnten, wird nur zu oft übersehen. Dadurch, dass vornehmlich den körperlichen Krankheiten Krankheitswert zugebilligt wird, ergeben sich klare Folgen: Fühlt man sich nicht wohl, liegt es in erster Linie nahe, einen Arzt aufzusuchen. An einen Psychotherapeuten denkt man, selbst bei eindeutigen psychischen Störungen, nur selten. Es bedarf des gleichen Verständnisses, das auch den physisch Kranken zuteil wird.
Schreiben Sie nun doch selbst einmal einen Brief an Ihre Beschwerden (Herz- oder Kopfschmerz, Diabetes mellitus etc.)
Ein solcher Brief könnte etwa so lauten:
Lieber Diabetes,
mir reicht es. Du quälst mich jetzt schon so lange, und egal, was ich mir einfallen lasse, um dir entgegenzutreten, es interessiert dich einfach nicht. Mittlerweile bin ich sehr wütend auf dich, weil mir durch die ständige Spinnerei so viel Lebensqualität verloren geht und auch so viel meiner Energie, die ich gerne in etwas anderes investieren möchte.
Ich erinnere mich noch gut an die Zeit, als du zum ersten Mal aufgetreten bist. Ich hatte zu Hause eine Menge Ärger mit meinen Eltern, und dann fingen auch noch die Schwierigkeiten in der Schule an. Ich musste enorme Anstrengungen machen, um das alles auszuhalten und zu bewältigen. Als du dann auch noch aufgetreten bist, war das fast mehr als das, was ich aushalten konnte. Ich konnte mir nur einigermaßen helfen, indem ich mich öfter mal tagsüber ins Bett legte, um meine Misere zu vergessen.
Es fällt mir sehr schwer, mich in dich hineinzuversetzen und zu überlegen, was du mir eigentlich sagen willst. Vielleicht willst du mir zeigen, dass ich entgegen meiner Ansicht doch recht viel aushalten kann. Leider ist es nur so, dass ich mittlerweile das Gefühl habe, anderen Anforderungen gegenüber nicht mehr belastbar zu sein. Vielleicht willst du mich ja auch darauf aufmerksam machen, dass ich nicht den richtigen Lebensstil habe. Aber auch das fällt mir schwer zu glauben, denn dann müsste

ich mit meiner Einschätzung, die eigentlich sonst recht gut ist, vollkommen daneben liegen.
In einem hast du allerdings Recht: Die Probleme in meiner Familie werden immer schlimmer. Ich überprüfe zum hundertsten Mal meine Reaktion und stelle immer wieder fest, dass ich nicht viel daran ändern kann. Du kannst doch nicht jedes Mal, wenn ich einen Fehler mache oder mich ärgere, mich sozusagen bestrafen. Jetzt merke ich, dass ich schon wieder wütend werde. So kaputt kann ich doch gar nicht sein, dass du mich dermaßen beherrschst. Aber du zeigst mir immer wieder, dass es doch so ist. Das kann und will ich nicht akzeptieren. Deswegen möchte ich gar keinen Kompromiss. Ich möchte, dass du verschwindest, auf immer und ewig. Aber ich weiß schon, das ist unrealistisch. Du bist meine Achillesferse, und ich werde mich irgendwie mit dir arrangieren müssen. Ich schlage deshalb vor, du beschränkst dich in deinem Auftreten auf einige wenige Situationen. Alles andere überlasse bitte mir und gib mir die Möglichkeit, mich mit meinen Problemen selbst konstruktiv auseinander zu setzen. Du kannst dich dann in diesen Phasen ausruhen und erholen. Ich erwarte deine Antwort.

Merke

Krankheiten und Befindlichkeitsstörungen sind nicht sinnlos, sondern haben ihren Sinn darin, die Einheit der Persönlichkeit wiederherzustellen bzw. sie weiterzuentwickeln.

Zwei Dinge trüben sich beim Kranken:
(a) der Urin, (b) die Gedanken.
(Eugen Roth)

Frage 21:
Was kann ich tun, wenn ich mich einsam fühle?

Geschichte: Der aufmerksame Gast

Wieder einmal gab ein angesehener Mann ein großes Fest. Alle Würdenträger des Ortes waren eingeladen. Nur der Prediger nicht. Trotzdem sah man ihn unter den Gästen, bei denen er sich wohl fühlte, wie ein Fisch im Wasser. Etwas schockiert nahm ihn ein Freund zur Seite: »Wie kommt es, dass du hier bist? Du bist doch gar nicht eingeladen?« Voller Nachsicht antwortete der Prediger: »Wenn schon der Gastgeber seine Pflichten nicht kennt und mich nicht einlädt, warum sollte ich dann meine Pflichten versäumen, ein höflicher Gast zu sein?«

Antwort Battegay

In einer früheren Schrift (Battegay 1989) schrieb ich zum Thema Einsamkeit u. a. folgendes: »Jeder Mensch erhielt – für die einen von Gott, für die anderen von der Natur – das Leben als Leihgabe, wobei jeder mit einer je besonderen Anlage zur Welt gekommen ist und eine je spezielle Lebenserfahrung gesammelt hat. Die vielen Erbanlagen, die unermessliche Erfahrung, die in einer menschlichen Existenz zusammenkommen, führen dazu, dass jeder Mensch in einer Einmaligkeit im Leben steht, die unwiederbringlich ist. Es gilt deshalb für jeden Menschen, die vielfältigen, in ihm wohnenden Möglichkeiten nicht nur zu seinem Nutzen, sondern auch zum Wohl seiner Mitmenschen zu entwickeln. Auch können wir sagen, dass, falls der Einzelne sich zu entfalten versäumt, auch den Mitmenschen etwas verloren geht. Trachten wir als Menschen in diesem Sinne danach, die uns gegebenen anlagemäßigen und sich aus der Lebensgeschichte ergebenden Möglichkeiten zu realisieren, so werden wir von unserem Leben befriedigt sein.«

Wollen wir also unsere Einsamkeit überwinden, müssen wir den Mut finden, zu unseren Mitmenschen hinzutreten und zu versuchen, mit ihnen gemeinsam zum Wohl der Allgemeinheit etwa soziale Aufgaben zu übernehmen. Wir sollten nie warten, bis die anderen auf uns zukommen, sondern stets selbst die Initiative ergreifen. Auf diese Weise gelingt es uns am ehesten, unsere Vereinsamung zu überwinden.

Antwort Peseschkian

Während im Orient die Familie, vor allem die Großfamilie, die Bezugsgruppe bildet und ihre Mitglieder im besten Sinn durch Freud und Leid hindurch begleitet, löst sich der Europäer viel leichter von seiner Familie, ohne jedoch stets eine funktionierende Ersatzgruppe zu finden.

Dementsprechend finden sich z. B. folgende Reaktionsformen: Cliquenbildung (Flucht in die Gruppe) oder Verzicht auf soziale Kontakte (Fluch in die Einsamkeit).

Der Kontaktverzicht muss freilich nicht total sein; immer finden sich Reste sozialer Beziehungen. Hinter der Kontaktaskese verbirgt sich jedoch meist ein beachtliches Bedürfnis nach sozialer Anerkennung, nach zwischenmenschlichen Beziehungen. Man verzichtet auf soziale Beziehungen weniger deshalb, weil man von der Wichtigkeit einsamer Meditationen überzeugt ist, sondern weil man möglicherweise befürchtet, soziale Betätigung könnte auch Verpflichtungen nach sich ziehen.

Der Mensch als soziales Wesen ist auf andere Menschen angewiesen. Das Zusammenleben der Menschen vollzieht sich in ständigem Wechselspiel von Geben und Nehmen. Die soziale Gruppe bietet uns viele Vorteile, die zum Teil lebenswichtige Bedeutung für uns haben. In anderen Fällen kann sie als Bedrohung erlebt werden. Zahlreiche Menschen können sich nur sehr schwer in eine Gruppe eingliedern und sich dort wohlfühlen; sie zeigen passive Toleranz und Gleichgültigkeit. Treffen als Gruppenpartner Menschen zusammen, die unterschiedlichen Kultur- und Erziehungskreisen entstammen, entwickeln sich leicht Spannungen, die aus unterschiedlichen Verhaltensmustern und Erwartungen bestehen: Jeder Mensch tritt jedoch nicht nur in Kontakt mit einem Ich, einem Du oder einer Gruppe. Er steht auch in Beziehungen zu dem, was ihm noch nicht bekannt ist oder prinzipiell unerkennbar für ihn sein wird. Gemeint ist damit die Frage des Menschen nach dem Sinn seines Lebens und weiter die Frage nach Gott. Der Mensch ist einerseits endlich. Seiner irdischen Existenz sind Grenzen gesetzt. Zugleich greift sein Bewusstsein über diese Grenzen hinaus und versucht, auf irgendeine Weise in Beziehung zu etwas Göttlichem zu treten. Die Antworten, die der Einzelne findet, sind wohl unterschiedlich; gleich bleibt hingegen die grundsätzliche Frage, die wohl jeder Mensch in seinem Leben stellt.

Merke

Geteiltes Leid ist halbes Leid.
Geteiltes Freude ist doppelte Freude.

Frage 22:
Wie kann ich mit Menschen umgehen, die schwer erkrankt sind oder große Angst davor haben?

Geschichte: die rettende Dunkelheit

Ein Beduine saß abends bei Kerzenlicht in seinem Zelt. Er nahm sich eine Dattel, öffnete sie, sah darin einen Wurm und warf sie angewidert weg. Er öffnete eine zweite Dattel und entdeckte wieder einen Wurm. Nachdem er auch in der dritten Dattel einen Wurm gefunden hatte, löschte er das Licht und begann die Datteln im Dunkeln zu essen.

Antwort Battegay

Was die Situation der Betroffenen so schwierig macht, ist nicht nur beispielsweise eine Infektion an sich, sondern auch die Konfrontation mit den Vorurteilen der Bevölkerung. Die etwa von HIV oder gar Aids Betroffenen erleben sich unvermittelt an die Grenzen des Daseins gestellt und damit oft von den Gesunden als »abgeschrieben«. Dazu kommt, dass von der Gesellschaft nicht selten den Betroffenen allein die Schuld an ihrer Krankheit und an der Gefährdung Anderer gegeben wird und man sie am liebsten aus der menschlichen Gemeinschaft ausschließen würde. Wie ich anderen Orts (Grenzsituationen, 2005) berichtet habe, haben sich sämtliche Bewohner eines Mehrfamilienhauses gegen einen Mann, der Aids hatte, verbündet. Nur mit Mühe gelang es ihm, in diesem Haus weiterzuwohnen. HIV-Infizierten und Aids-Kranken kann geholfen werden, indem man

sie von ihren Schuldgefühlen entlastet und ihr Selbstbewusstsein stärkt. Auch können Psychotherapiegruppen von gleichermaßen Betroffenen hilfreich sein; durch die Solidarität der übrigen Gruppenmitglieder erfahren sie Mitmenschlichkeit. Dabei empfiehlt sich eine längere Zeit der Betreuung.
Ein junger an Aids Erkrankter, sagte einmal nach einer Gruppensitzung: »Man weiß so wieder, dass man doch jemandem etwas wert ist.« Er drückte damit aus, dass jedes Individuum Aufmerksamkeit und Zuwendung benötigt, nicht Gleichgültigkeit oder Gefühlskälte. So heißt es ja in der Bibel: »Liebe deinen Nächsten wie dich selbst.« HIV-Infizierte und Aids-Kranke benötigen unser Mitgefühl in besonderem Maße.
Sie sollten erfahren, dass niemand auf sie herabblickt, da ein solches Leiden jeden Menschen treffen kann.

Antwort Peseschkian

Fallbeispiel:
»Ich sitze seit längerer Zeit auf einer Zeitbombe.«

Voller Angst kam ein 36-jähriger Abteilungsleiter zu einer psychotherapeutischen Sitzung. Sofort kam er auf sein Problem zu sprechen, über das er zuvor mit noch niemandem gesprochen hatte. Er vermutete, sich im Bordell infiziert zu haben. Trotz eines negativen HIV-Ergebnisses ließ ihn die Angst, er könnte sich infiziert haben, nicht los. Ein grippaler Infekt mit erhöhter Temperatur war für ihn bereits Ausdruck verminderter Immunabwehr und Folge seiner Untreue. Weitere Ereignisse im Beruf, beim Hausbau mit seinen finanziellen Unsicherheiten stellten weitere Belastungen dar, die für ihn bedrohlich wurden. Diese belastenden Faktoren versuchte der Patient durch den Rückzug aus beruflichen und familiären Anforderungen zu kompensieren.

Im Gegensatz zu der Geschichte »Die rettende Dunkelheit« hatte die Angst vor der Aids-Erkrankung ein grelles Licht auf die beruflichen und partnerschaftlichen Probleme geworfen. Der Patient lernte in der Therapie, durch konkrete Zielsetzungen in den Bereichen Leistung/Beruf und Kontakt/Partnerschaft wieder einen Zugang zur Realität zu finden. Hierdurch erlangte er eine erhebliche Reduzierung seiner Beschwerden.

Merke

Der Patient war nun in der Lage, sich auch mit seiner Angst vor dem Tod, seiner Weltanschauung und Lebensphilosophie als Orientierungsrahmen auseinander zu setzen.

Es gibt keine Heiligen ohne Vergangenheit und keine Sünder ohne Zukunft.

Frage 23:
Wie kann ich im Privaten wie im Beruf mit Allianzen, Unnahbarkeiten oder Mobbing umgehen?

Geschichte: Solidarität

Ein Mann und sein Freund waren zu Fuß unterwegs. Es herrschte grimmige Kälte, und sie versuchten, so schnell wie möglich voranzukommen. Sie wollten ein Dach über dem Kopf finden und ein Feuer, an dem sie sich wärmen könnten. Der Pfad, auf dem sie gingen, führte sie am Kamm eines Berges entlang. Unter ihnen lag eine Talsenke mit einem von grünen Wiesen gesäumten Bergsee.

Plötzlich entdeckte einer der Wanderer, dass dort unten ein Mensch lag, der bei dieser entsetzlichen Kälte sterben würde, wenn ihm niemand zu Hilfe kam. »Lass uns hinuntergehen«, sprach er zu seinem Freund, »dieser Mensch braucht unsere Hilfe, damit er nicht erfriert«. »Wie kannst Du nur so denken«, antwortete der Freund, »bei der Kälte müssen wir erst einmal an uns denken, damit wir lebend eine Herberge erreichen«. »Nein«, antwortet der erste, »so kann ich nicht handeln. Wenn Du willst, gehe alleine weiter. Ich werde in die Senke hinabsteigen und sehen, ob ich diesem Menschen helfen kann«. So trennten sich die Freunde, der eine setzte seinen Weg fort, der andere stieg den Berg hinab. Unten angekommen, fand er einen Mann, der von einem Sturz und der Kälte sehr geschwächt war. Er lud sich den Verletzten auf den Rücken und ging langsam und unter seiner Last keuchend wieder den Berg hinauf. Während er so mühsam hinaufstieg, wurde ihm warm, ja geradezu heiß, so dass er die Kälte überhaupt nicht mehr spürte. Langsam kämpf-

te er sich vorwärts. Hinter einer Wegbiegung entdeckte er seinen Freund. Ah, dachte er, er hat doch auf mich gewartet, und rief ihn an. Doch er erhielt keine Antwort. Er trat näher und sah, dass sein Freund tot war, erfroren. Dankbar dachte er an den Verletzten auf seinem Rücken. Durch ihn war ihm so warm geworden, dass er der Kälte widerstehen konnte. So erreichten sie eine kleine Hütte, wo sie Unterschlupf fanden.

Antwort Battegay

Wir leben in einer Zeit der Entsolidarisierung. In der Wirtschaft fusionieren große Unternehmen, wodurch tausende von Menschen arbeitslos werden. Keine Instanz kann dieses Handeln unterbinden. Viele Menschen werden bei der ständigen Sorge um ihr materielles Auskommen von Angst, Misstrauen und Wut gepackt. Kein Wunder, dass heute selbst in kleinen Betrieben wie Großunternehmen Mobbing stattfinden kann. Es besteht oft kein Zusammengehörigkeitsgefühl mehr zwischen den Arbeitskollegen, sondern nur noch Misstrauen und Angst vor den Absichten einer anonymen Gruppe. Dabei bilden sich Allianzen, die dazu führen können, dass Kollegen gemobbt werden.

In der Gesellschaft beobachten wir derzeit, dass es einem beträchtlichen Teil der Bevölkerung materiell eher schlecht geht. Besonders junge Menschen, die infolge Armut keine solide Ausbildung erhalten konnten, werden oft gesellschaftlich ausgeschlossen, und es kann dann, wie sich in Paris im Herbst 2005 gezeigt hat, zu Revolten kommen. Es entwickelt sich eine Art »Bunkermentalität« gegenüber der bürgerlichen Gesellschaft.

Der international um sich greifende Terror mag auch darauf zurückzuführen sein, dass in dessen Ursprungsländern die Besitzenden in Saus und Braus leben und kaum Verantwortung für das Wohl der Benachteiligten erkennen lassen. Wenn sich die Aggressionen dann aber vor allem gegen den »Westen« richten, so dürfte dieser Umstand u. a. darin liegen, dass hier immerhin noch ein großer Teil der Bevölkerung an einem Wohlstand teilhaben kann, den die Länder, in denen Terrorismus vorwiegend gedeiht, nicht kennen. *Aber selbst wir werden wieder mehr Solidarität mit denjenigen entwickeln müssen, die aus diversen Gründen keinen Zugang mehr zur gesellschaftlichen Teilhabe finden. Sonst werden wir Gefahr laufen, die beruflich und gesellschaftlich Ausgeschlossenen in Hass gegen die Begüterten zu treiben.*

Antwort Peseschkian

Die Allianz zeigt sich in vielen Facetten

Last, auf mehrere Schultern verteilt, trägt sich leichter. Man braucht Verbündete. Ein Bündnis gibt inneren Halt und Sicherheit, erhält aber meistens seinen Sinn erst, wenn es sich gegen einen Dritten richtet: das Bündnis als Schutz- und Verteidigungsbündnis. Dahinter steht eine besondere Logik. Man braucht das Wir, um sich behaupten zu können; man braucht aber auch einen Gegner, um sich als »Wir« fühlen zu können. Alle Phantasie, Kreativität, Kommunikation und körperliche Energie investiert man, um dem vermeintlichen Gegner zu schaden. Bekannt ist dieses Verhalten auch aus der Politik. Dass es auch in die Partnerschaft und in den Beruf hineinspielt, überrascht zunächst ein wenig.

Bei der »*Bunkermentalität*« – »Wir gegen der Rest der Welt« – halten weniger partnerschaftliche Bindungen zwei Menschen zusammen als tatsächlicher oder vermeintlicher Druck von außen. »Solange wir uns mit anderen Menschen auseinandersetzen, brauchen wir uns nicht mit den eigenen Schwierigkeiten zu beschäftigen.«

Zum Widersacher kann jeder benannt werden: Eltern, Schwiegereltern, Kinder, Nachbarn, berufliche Konkurrenten, politische Gegner, Angehörige anderer Religionen. Die Bunkermentalität wird so zur Schutzhaltung von Minderheiten, die sich bedroht sehen, wie auch von Menschen, die sich angegriffen fühlen.

Andererseits wird sie zum Alibi. Ihre Quellen sind seltener die objektiven Machtverhältnisse, sondern eher Ängste und Größenphantasien.

Mobbing

Experten schätzen, dass es sich nur bei zwei von zehn Fällen um echtes Mobbing handelt, die restlichen acht Fälle sind als Konflikte zu bezeichnen. Eine schwedische Erhebung ergab, dass 3,5 % (ca. 150 000 Menschen) der arbeitenden Bevölkerung von Mobbing betroffen sind. Überträgt man diesen Wert auf die Verhältnisse in Deutschland, würde dies bedeuten, dass hierzulande eine Million Menschen Opfer systematischer Feindseligkeiten am Arbeitsplatz sind. Nach der Beendigung einer Mobbingsituation sollten nicht etwa Rachegefühle weiterhin eine Rolle spielen. Die Situation kann sich aber nur ändern, wenn der Betroffene das Gefühl hat, dass ihm Gerechtigkeit widerfahren ist.

Merke

Wer alleine arbeitet, addiert.
Wer mit anderen zusammen arbeitet, multipliziert.

Frage 24:
In welchem Verhältnis stehen meine angeborenen und die erlernten Fähigkeiten zueinander?

Eine Metapher: Blind, taub und stumm

»Wer ist blind?«, fragte ein Schüler seinen Lehrer.
»Wer außer sich selbst niemanden beachtet.«
»Wer ist stumm?«, wollte ein anderer wissen.
»Wer zur rechten Zeit nichts Freundliches sagen mag.«
»Wer ist taub?«, war die Frage des dritten.
»Wer nicht auf seine innere Stimme hört.«

Antwort Battegay

Jedem Menschen ist ein charakterliches Grundmuster eigen, das teils in ihm angelegt, teils früh erworben worden ist. Mit dem Hineinwachsen in die Gesellschaft wird er aber nicht alle seine Grundfähigkeiten verwirklichen können. Es wird von jedem Individuum eine gewisse Anpassung an die soziale und auch berufliche Umwelt erwartet. Das soll nicht heißen, dass bedingungslos die Erwartungen des Umfeldes zu erfüllen wären. Doch ist ein gewisser Spielraum innerhalb dieser sozialen Normen unerläßlich. Empfindet beispielsweise ein Mensch die materiellen Gegebenheiten in der Gesellschaft als ungerecht, so hat er die Freiheit, sich für die Armen einzusetzen. Doch wird von der Gesellschaft erwartet, dass er seine Bestrebungen nicht mit Gewalt verfolgt.

Antwort Peseschkian

Zunächst ein Beispiel:
»Meine Frau ist anders als meine Mutter. Zu meiner Frau habe ich kein Vertrauen mehr. Statt die Kleider in den Schrank zu hängen, lässt sie sie unachtsam herum liegen. Während sich meine Mutter nach jedem Fusselchen bückt, lässt meine Frau den Staub zentimeterdick liegen«. (38-jähriger Beamter mit Magenbeschwerden und Depressionen)

Transkultureller Ansatz

Das Zusammenwirken von Aktual- und Grundfähigkeiten wird in der Positiven Psychotherapie folgendermaßen erklärt: Die primären Fähigkeiten als Ausdruck der Liebesfähigkeit und die sekundären Fähigkeiten als Ausdruck der Erkenntnisfähigkeit gewichten die äußeren Ereignisse und besetzen sie vor dem Hintergrund der biologisch-lebensgeschichtlichen Gegebenheiten affektiv.
Aktualfähigkeiten beginnen sich bereits während der Schwangerschaft herauszukristallisieren. Sie bleiben in allen Lebensabschnitten und -stufen relevant.

Mikrotraumen, die sogenannten Kleinigkeiten

Treffen in zwischenmenschlichen Beziehungen unterschiedliche Einstellungs- und Verhaltensmuster aufeinander, kann es zu Konflikten kommen, die sich als Mikrotraumen anhäufen und neuralgische Punkte in der Struktur der Persönlichkeit bilden. Vor diesem Hintergrund kann sich eine dauerhafte emotionale Belastung einstellen, die zu psychischen und psychosomatischen Störungen führt und die zwischenmenschliche Kommunikation einschränkt: »Wenn ich mein Zimmer nicht aufgeräumt hatte, hieß es: Ich hab dich nicht mehr lieb. Das jagte mir panische Angst ein. Heute bin ich mehr als pedantisch und gerade dadurch oft in Konflikt mit meinem Mann und den Kindern«, sagte eine 39-jährige Frau, die unter chronischer Verstopfung und unter Schlafstörungen litt. Oder: »Bei uns zu Hause hieß es immer wieder: Sei leise, sei still, halt dich zurück, sei brav. Ich bekam das hundertmal am Tag zu hören«, erzählte eine 34-jährige Hausfrau, die unter Hemmungen, sozialen Ängsten, Kontaktschwierigkeiten und Eheproblemen litt.

Äußere Ereignisse (Life-events als Makrotraumen) wie z. B. berufliche Veränderung, Umzug, Todesfall usw. und Mikrotraumen (kumulierende Ereignisse wie z. B. Unpünktlichkeit des Partners, Zugverspätung, Unzuverlässigkeit und Ungerechtigkeit eines Mitarbeiters) treffen auf die Persönlichkeit eines Menschen in ihrer körperlichen, psychischen, sozialen und geistigen Dimension.

Merke

Durch das Aufeinandertreffen äußerer Belastungen und individueller Fähigkeit zur Verarbeitung dieser Belastungen entsteht der Aktualkonflikt.

Klug ist der, der sich an seine Kindheit erinnern kann.

Ein Mensch sagt, und ist stolz darauf,
er gehe in seinen Pflichten auf.
Bald aber nicht mehr ganz so munter,
geht er in seinen Pflichten unter.
(Eugen Roth)

Frage 25:
Wie können mir Gleichnisse, Fabeln und Mythen im Leben weiterhelfen?

Die Geschichte eines Geschichtenerzählers

Wie man Geschichten erzählen soll? So, dass sie einem selbst helfen!
Mein Großvater war lahm. Einmal bat man ihn, eine Geschichte von seinem Lehrer zu erzählen. Da erzählte er, wie der große Baalschem beim Beten zu hüpfen und zu tanzen pflegte. Mein Großvater stand und erzählte, und die Erzählung riss ihn so hin, dass er hüpfend und tanzend zeigte, wie der Meister es gemacht hatte. Von der Stunde an war er geheilt. So soll man Geschichten erzählen!

Antwort Battegay

»Ex oriente lux« (aus dem Orient kommt das Licht) heißt es. Tatsächlich stammen viele der noch heute zitierten Weisheiten aus dem Nahen oder Mittleren Osten. Auch die drei monotheistischen Religionen – Judentum, Christentum, Islam – haben im Orient ihren Ursprung. Offenbar hatten die damaligen Bewohner jener Regionen ein besonderes Gespür für stets gültige Denk- und Haltungsweisen und für fast jede Lebenslage entsprechende Lösungsvorschläge parat. Ein Sprichwort sagt: »Die Zeiten ändern sich, die Menschen aber bleiben immer die gleichen.« Trotz immenser Fortschritte in Forschung, Technik und Informatik gestaltet sich das menschliche Zusammenleben wie seit eh und je nach den immer gleichen psychologischen und sozialen Gesetzmäßigkeiten. Alte orientalische Weisheiten widerspiegeln deshalb auch heute noch Denk- und Verhaltensmuster der Menschen. *Die Verwendung dieser Weisheiten in der Psychotherapie von heute vermag an einen modernen Menschen, der durch persönliche oder berufliche Probleme und gesellschaftliche Verpflichtungen oft überfordert ist, zeitlose Leitsätze heranzutragen, die sehr hilfreich beim Erkennen eben jener Probleme sein können.*

Antwort Peseschkian

Bekanntlich sagt ein Bild mehr als 1000 Worte

Dieser Satz besagt in knapper Form, warum Geschichten, Anekdoten, Mythologien und Spruchweisheiten leichter zum Ziel führen können als abstrakte Erklärungen. Zum einen werden durch Bildersprache die Phantasie und Intuition angesprochen, zum anderen wird die direkte verbale Konfrontation mit einem Problem und damit die Bildung von Widerständen vermieden. Beides zusammen öffnet das Tor zur Phantasie und bewirkt einen Sichtwechsel, so dass Probleme in einem anderen Licht erscheinen. Dieser Effekt wird besonders dadurch gefördert, das orientalische Geschichten für unseren Kulturkreis einen großen Verfremdungseffekt haben. Deshalb eignen sich diese Erzählungen auch hervorragend als erzieherische Maßnahmen, denn sie beziehen sich inhaltlich meist auf ein abgegrenztes Problem, sind dabei in einfachem Sprachstil abgefasst und bieten oft eine humorvoll-komische Pointe an, über die man schmunzeln kann.
Die Darstellung orientalischer Geschichten ist nicht Selbstzweck. In meiner Praxis, in Seminaren und Vorträgen konnte

ich immer wieder feststellen, dass gerade die Parabeln, Geschichten und Lebensweisheiten den Zuhörern oder Patienten einleuchten. Parabeln sind sprachliche Bilder. Als solche unterstützen sie das Problemverständnis und haben zentralen didaktischen Wert. Was von mir zu Beginn nur als didaktische Hilfe benutzt wurde, fand bei den Patienten Resonanz. Erst dadurch wurde ich angeregt, die Geschichten und Parabeln auch in meinen Büchern zu verwenden.

In der Positiven Psychotherapie können die Geschichten viele Funktionen haben:

Geschichten sind wie Spiegel

Der Zuhörer erkennt sich in der Geschichte wieder und kann sich über die Bildersprache meist spontan mit den Helden identifizieren. Er gewinnt Distanz zu seinen Problemen und sagt in seinen Assoziationen zur Geschichte etwas über seine Konflikte und Wünsche aus.

Geschichten zeigen Lösungsmöglichkeiten

Für die Konfliktsituation bietet die entsprechende Geschichte meist eine ganze Palette von Interpretationen und Lösungsmöglichkeiten an. Sie lädt ihre Zuhörer zur Nachahmung ein und ermutigt zum Probehandeln.

Geschichten bieten Schutz

Geschichten stehen in der Positiven Psychotherapie zwischen Therapeut und Patient als Filter und Schutz. Beim Patienten verhindern sie, dass er sich angegriffen fühlt und deshalb Widerstände aufbaut.

An Geschichten kann man sich gut erinnern

Die Bildersprache ist einfach, und sie aktiviert die Selbsthilfepotentiale des Zuhörers oder Lesers; dies macht ihn relativ unabhängig vom Therapeuten.

Geschichten regen die Phantasie an

Ganz besonders bei Kindern sprechen die Geschichten den Bereich der Intuition an und ermöglichen eine Regression in die Phantasie. Dabei werden frühere Verhaltensweisen reaktiviert und Probleme in der Phantasie ausagiert. Gleichzeitig werden aber auch künftige Erwartungen transparent gemacht und zum eigenen Handeln angeregt.

Geschichten bieten Alternativen an

Jede Geschichte bietet meist mehrere Gegenkonzepte für den Patienten an, weil sie auch mehrere Interpretationen zulässt. Der Patient selbst wählt aus, was er ablehnt oder annimmt.

Geschichten zeigen einen neuen Blickwinkel

Sehr oft reagiert ein Zuhörer auf die Geschichte mit spontanem Lachen oder zumindest mit Schmunzeln; das entschärft die Spannung und zeigt den Überraschungseffekt. Bekannte Situationen und Verhaltensweisen werden dadurch aber aus einem anderen Blickwinkel gesehen und neue – manchmal auch ungewöhnliche – Lösungsmöglichkeiten rücken ins Blickfeld.

Merke

Ein weiteres Anliegen meiner Arbeit ist es, Gedanken des Orients mit den neuen psychotherapeutischen Erkenntnissen des Okzidents zu vereinen. Nicht nur die Grundsätze der großen Religionen, sondern auch die Weisheiten orientalischer und westlicher Philosophen und Wissenschaftler werden im Licht der modernen Psychotherapie betrachtet:

Humor ist die Fähigkeit,
heiter zu bleiben, wenn es ernst wird.

Frage 26:
Welche Bedeutung haben Missverständnisse in meinen zwischenmenschlichen Beziehungen?

Geschichte: 50 Jahre Höflichkeit

Ein Ehepaar feierte das Fest der Goldenen Hochzeit. Beim gemeinsamen Frühstück dachte die Frau: »Seit 50 Jahren habe ich immer auf meinen Mann Rücksicht genommen und ihm immer das knusprige Oberteil des Brötchens gegeben. Heute will ich mir endlich diese Delikatesse gönnen.« Sie nahm sich das Oberteil des Brötchens und gab den anderen Teil ihrem Mann. Entgegen ihrer Erwartung war dieser hocherfreut, küsste ihre Hand und sagte: »Mein Liebling, Du bereitest mir die größte Freude des Tages. Über 50 Jahre habe ich das untere Teil des Brötchens nicht mehr gegessen, das ich am allerliebsten mag. Ich dachte immer, Du solltest es haben, weil es Dir so gut schmeckt.«

Antwort Battegay

Nicht immer sind es tiefgehende Meinungsverschiedenheiten in der Partnerschaft, die zu Missverständnissen führen. Schon ein anders nuancierter Sprachgebrauch kann etwa zu Missstimmungen führen. Damit es nicht zu Missverständnissen kommt, bedarf es einer positiven Grundeinstellung der Personen zueinander, eines Wohlwollens, das es ermöglicht, auch Fragen zu stellen.
Häufig erwarten Partner voneinander, dass der andere genauso fühlt und denkt wie er. Sie möchten Gleichgesinnte um sich haben. Im Sprichwort heißt es: »Willst Du nicht mein Bruder sein,

so schlag ich Dir den Schädel ein.« Erkennt ein Mensch, dass sein Gegenüber anders ist als er, projiziert er seine dadurch entstandenen Aggressionen auf jenen und identifiziert ihn als aggressiv. Melanie Klein (1946) hat in diesem Zusammenhang von »projektiver Identifikation« gesprochen. Nicht selten kommt es bei Begegnungen zweier Menschen oder bei Partnerschaften zu Missverständnissen in Bezug auf die Aussagen des jeweils anderen.

Als Psychotherapeut erkennt man relativ oft, dass die Beteiligten aneinander vorbei reden oder einander missverstehen. Das kann zu hässlichen Auseinandersetzungen führen, die sogar die Liebe momentan zum Verschwinden bringen können. Der Psychotherapeut kann als Übersetzer wirken und die Missverständnisse auflösen.

Vielleicht kommt es heutzutage öfters zu Missverständnissen zwischen den Menschen als früher, weil Individualität großgeschrieben wird und das Kommunikationsbedürfnis des Einzelnen eher abnimmt. Es ist angezeigt, sich präzise auszudrücken. Der Therapeut sollte seine Patienten auch dazu motivieren, dass sie sich mehr als bisher in die Partner einfühlen.

Antwort Peseschkian

Konflikte und Schwierigkeiten innerhalb einer Partnerschaft haben sicherlich in vielen Fällen materielle Ursachen, beruhen jedoch auch auf vermeidbaren Missverständnissen. Wir beurteilen unsere Partner nicht objektiv, sondern subjektiv. So kann eine Kluft entstehen zwischen den Erwartungen, die man seinem Partner gegenüber hat, und dessen Handlungen.

Das Ehepaar B. kam in die psychotherapeutische Behandlung. Herr B., 42 Jahre, Frau B., *34 Jahre, beide Akademiker, klagten über familiäre Spannungen in den letzten Jahren, obwohl sie im*

Großen und Ganzen eine gute Ehe geführt hatten. Die größten Schwierigkeiten hatten sie mit ihrem 9-jährigen Sohn, dem Nesthäkchen. Der Vater hatte wegen seiner Arbeit nur wenig Zeit für das Kind. Trafen Vater und Sohn zusammen, überfiel ihn der Sohn mit einer Anzahl von Wünschen. Konnte der Junge seinen Kopf nicht durchsetzen, begab er sich eilends zur Mutter, um sich zu beschweren. Die Mutter versuchte, das Verbot des Vaters dadurch wieder gut zu machen, dass sie sich besonders mit ihrem Kind beschäftigte. Ihr Verhalten wirkte auf den Sohn als Belohnung. Die Mutter wurde so zum Anwalt ihres Sohnes und es kam zu Auseinandersetzungen zwischen den Eltern.
Viele Probleme, die oft schwerwiegende Folgen haben, gehen auf Missverständnisse zurück: Man übersieht, dass ein Partner nicht zeit seines Lebens derselbe bleibt, sondern sich ebenso weiterentwickelt wie man selbst. Die Einzigartigkeit und das Recht eines jeden auf Einzigartigkeit werden ignoriert. Man schließt von sich auf andere und vergisst so, dass der Partner aus anderen Motiven handelt. Man verallgemeinert, entwickelt Vorurteile. Auch die Geschlechterrollen führen oft zu Missverständnissen in der partnerschaftlichen Beziehung; ebenso bergen die Bereiche Glaube, Religion und Kirche viel Konfliktstoff.

Merke

Liegt dann nicht nahe, gerade derartige Missverständnisse aufzuarbeiten? Ein solches Vorgehen wäre im besten Sinne radikal: Es ginge von der Wurzel und nicht von irgendwelchen Symptomen aus.

Wenn jeder alles von den anderen wüsste,
es würde sehr gern und leicht vergeben.
(Hafis, persischer Lyriker)

Frage 27: Haben viele meiner Probleme ihre Ursache womöglich in der Sexualität?

Geschichte: Die Krähe und der Papagei

Ein Papagei saß zusammen mit einer Krähe in einem Käfig. Oh, wie litt der Papagei unter der Gegenwart des gefiederten, schwarzen Untiers: »Welch abscheuliches Schwarz, welch grässliche Figur, welch ordinärer Gesichtsausdruck. Wenn jemand so etwas beim Sonnenaufgang sehen müsste, wäre ihm die Freude für den ganzen Tag dahingeschmolzen. Einen abstoßenderen Genossen als dich gibt es nirgendwo«. Es mag erstaunen, doch auch die Krähe litt unter der Gegenwart des Papageien. Traurig und bedrückt haderte sie mit dem Schicksal, welches sie mit jenem unangenehmen bunten Gesellen zusammengeführt hatte: »Warum muss gerade mich das Unglück treffen? Warum verließ ausgerechnet mich mein guter Stern? Warum mussten meine glücklichen Tage in solche Tage der Dunkelheit münden? Mir wäre es angenehmer, mit einer anderen Krähe auf der Mauer eines Gartens zu sitzen, zusammen mit ihr die Gemeinsamkeit zu genießen und mich zu erfreuen«.

(Nach Saadi, persischer Dichter)

Antwort Battegay

Sexuelle Tabus bestehen im westlichen Kulturkreis kaum noch. Durch die »Pille« erhielt die Frau die gleiche sexuelle Freiheit wie der Mann. Diese Freiheit bedeutet aber nicht sexuelle Erfüllung für alle. Entscheidend dafür ist nicht nur der Sexualakt, sondern vor allem die gegenseitige Liebe und Einfühlung eines Paares. Viele Menschen scheinen sich jedoch wegen mangelnder Liebesfähigkeit als sexuell frustriert zu empfinden. Durch Affären nehmen sie das Risiko in Kauf, ihre Partnerschaft aufs Spiel zu setzen. *Die Betreffenden sind sich kaum je bewusst, dass ihre Sexualprobleme unter Umständen auf die eigene lieblose Erziehung zurückzuführen sind, die in einer Psychotherapie aufgearbeitet und gelöst werden könnten. Werden diese Probleme nicht aufgearbeitet, ist die Gefahr gegeben, dass auch künftige Partnerschaften unglücklich verlaufen.*

Antwort Peseschkian

Es erscheint mir wichtig, die partnerschaftlichen Konflikte auf eventuell zugrunde liegende Missverständnisse abzuklopfen. Gerade sie sind der zentrale Ansatzpunkt der Positiven Psychotherapie. Ein zentrales Missverständnis in der Sexualität ist, dass man dazu neigt, Sexualität und Liebe miteinander zu verwechseln und diese unterschiedlichen Bereiche zum Kriterium der Partnerschaft erhebt.

Fallbeispiel: »Ich suche einen richtigen Mann«

»Meinen ersten Mann habe ich geheiratet, weil er gut aussah. Erst nach einiger Zeit habe ich mitgekriegt, dass er ein Trottel war. Meinen zweiten Mann habe ich vor allem wegen seines Charmes und seines hervorragenden Benehmens geheiratet. Es hat zwei Jahre gedauert, bis mir sein väterliches Gehabe, seine Galanterie auf die Nerven gegangen sind. Jetzt suche ich einen Mann, der mich wirklich versteht.« (32-jährige Sekretärin, zwei Kinder)

Sex bezieht sich auf den Körper. Er orientiert sich an den körperlichen Funktionen und Merkmalen. Es ist hier wichtig, konkrete Informationen über die Körperfunktionen zu vermitteln. Körperliche Merkmale sind in der partnerschaftlichen Beziehung nicht zu unterschätzen.
Sexualität bezieht sich auf die geschlechtlichen Beziehungen innerhalb einer Partnerschaft. Wird die Gerechtigkeit in einer partnerschaftlichen Beziehung verabsolutiert, so führt sie schnell in einen Teufelskreis, in dem eine Ungerechtigkeit die andere nach sich zieht. Man verrechnet nur noch Leistung und Gegenleistung miteinander.
Liebe umfasst den Menschen als ganzen. Sie baut nicht auf bestimmte Eigenschaften, Fähigkeiten und Eigenarten auf, sondern meint den Träger dieser Eigenschaften. Ich liebe dich, weil du du bist.
Ein »Zuviel« an Liebe macht aber auch blind für Fehler und Schwächen des Partners und verhindert somit ein realitätsangemessenes Verhalten in der Partnerschaft. Hier besteht die Gefahr, dass die Konflikte über eine lange Zeit hinweg geduldig ertragen werden und es dann plötzlich zu unvorhergesehenen Reaktionen kommt. Gewisse Forderungen erwartet jedoch ein Partner sogar. Kommt es in einem Bereich der Partnerschaft zu Versäumnissen oder Versagen, ist es wichtig zu differenzieren.
Der Balanceakt ist erreichbar, wenn man sagt: Ich nehme dich, so wie du bist, auch wenn du jetzt in diesem Bereich versagt hast. Ich weiß, dass du aus deinen Fehlern lernen kannst, und ich werde aus meinen Fehlern lernen.

Merke

Sexualität für sich allein genommen macht den Menschen austauschbar. Er ist in diesem Sinne nur Träger von Eigenschaften, die als wertvoll oder wertlos beurteilt werden. Die Einzigartigkeit der Persönlichkeit wird bei einer Überbetonung von Sex und Sexualität vernachlässigt. Die Liebe aber, in Verbindung mit Sexualität, bestätigt die Einzigartigkeit eines Menschen (vgl. Die vier Qualitäten des Lebens).
Lerne zu unterscheiden zwischen Sexualität und Liebe.

Zwei Vögel zusammen gebunden werden nicht fliegen können, obwohl sie nun vier Flügel haben.

Frage 28:
Wie wichtig ist Erziehung?

Geschichte: Das Mädchen mit dem roten Samtkleid

Ein Mädchen trug ein rotes Samtkleid und war darüber ungeheuer glücklich. Es achtete auf das Kleid wie auf seinen eigenen Körper. Lag das geringste Staubkörnchen auf dem Samt des Kleides, beeilte sich das Mädchen, dieses abzuwischen. Und fielen einmal Tränen auf das Kleid, saugte das kleine Mädchen sie mit dem Munde auf. Das Kleid hatte eine ungeheure Wirkung auf die anderen Kinder; sie wünschten sich, immer in der Nähe des Mädchens mit dem schönen Kleid zu sein. Die Spielkameradinnen versuchten, das Kleid zu betasten und waren ganz stolz, wenn sie es angefasst hatten. Eines Tages, während des Spiels, rutschte das Kind aus und fiel hin. Mit dem Kopf schlug es auf die Steine des Weges, und die Dornen zerrissen ihm das schöne Kleid. Das kleine Mädchen beachtete die Verletzung an seinem Kopf gar nicht; es sah nur den Riss im Kleid und weinte.

(Nach P. Etessami, persische Dichterin)

Antwort Battegay

Bei der Erziehung ist nicht nur das durch Eltern oder Erzieher vermittelte Wissen wichtig, sondern auch die Haltung der Erwachsenen dem Kind gegenüber. Von Geburt an sollte das Kind die elterliche Liebe und Ermutigung spüren. Wenn mir ein

60-jähriger Patient sagt, dass seine Eltern ihn stets hatten spüren lassen, aus ihm werde nie etwas werden, so mag es nicht erstaunen, dass er sich früher einer Jugendbande anschloss, die Einbruchdiebstähle beging. Einerseits wollte er damit seine Eltern bestrafen, die nichts Positives an ihm sahen. Nun hatten sie also den Sohn, den sie vorausgesagt hatten. Man bezeichnet dies als »Sich selbst erfüllende Prophezeiung« (»self fulfilling prophecy«). Andererseits glaubte er infolge der ständigen Missachtung durch die Eltern nicht mehr an sich selbst, und er wurde kriminell. Als Erwachsener distanzierte sich dieser Mann jedoch von seiner früheren kriminellen Tätigkeit. Zwar war er finanziell nicht erfolgreich, doch entwickelte er großartige Fähigkeiten im Malen. Sein Talent war durch einfühlsame Psycho- und Maltherapeuten gefördert worden. Erfahren Kinder und Jugendliche im Gegensatz zu diesem Mann stets Liebe und Ermutigung, so sind sie später auch zu eigenständiger Weiterentwicklung fähig. Überbehütung hingegen wird kaum dazu führen, Selbstbewusstsein und Selbstidentität zu entwickeln. Auch als Erwachsener wird ein solcher Mensch wenig Mut haben, selbstständig zu werden und Kontakte zu Mitmenschen zu knüpfen. Er wird möglicherweise unter einer Scheu vor anderen Menschen leiden, gar eine soziale Phobie entwickeln. Auch die elterliche Einstellung zu ethischen und moralischen Fragen, zur Religion, aber auch zu materiellen Dingen beeinflusst ihre Kinder. Es zählt bei der Erziehung oft sogar mehr das Vorbild von Vater und Mutter als ständiges Einreden auf die Kinder. Sämtliche Fragen, die von Kindern und Jugendlichen gestellt werden, sollten selbstverständlich wahrheitsgemäß beantwortet werden.

Nur so werden die Heranwachsenden Vertrauen in ihre Eltern haben, wie auch die Offenheit der Eltern den Kindern gegenüber diese dazu ermutigt, den Eltern die Wahrheit zu sagen. Das soll aber nicht heißen, dass die Heranwachsenden den Eltern gegenüber keine kleinen Geheimnisse bewahren dürften. Auf diese Weise kann sich gegenseitiger Respekt entwickeln.

Antwort Peseschkian

Wichtig ist, dass sowohl Wissen als Ausdruck der Erkenntnisfähigkeit als auch emotionales Empfinden als Ausdruck der Liebesfähigkeit gleichermaßen vermittelt werden; beides gehört zusammen. Man wird sonst entweder zu einem Leistungstyp oder zu einem weltfremden Idealisten.
Ein Beispiel:
»Bei uns zu Hause galt: ›Hast du was, dann bist du was!‹ Die einzigen Gäste, die wir hatten, waren Geschäftsfreunde meines Vaters. Spielen und Freizeit galten als Zeitverschwendung. Statt dessen mussten wir immer nur lesen und arbeiten. Bevor ich überhaupt zur Schule ging, beherrschte ich Schreiben und Lesen und bekam von meinen Eltern jeden Tag Hausaufgaben auf. Meine Mutter achtete darauf, dass ich in Schönschrift schreibe. Wenn etwas nicht richtig klappte, sprach sie über einige Stunden kein Wort mit mir. Obwohl ich immer einer der Besten war, hatte ich die Schule satt, durfte es mir aber nicht anmerken lassen, sonst hätte es wieder Ärger gegeben. Für meine Eltern war es wichtig, dass ich Akademiker werde. Mein Beruf macht mir zwar Spaß, aber ich habe keine Beziehung zu anderen Menschen.«
Erziehung bedeutet, wie der Name Er-Ziehung sagt, nicht das Beibringen von Wissen. Es bedeutet vielmehr, die in dem Kind angelegten Fähigkeiten zu fördern. So wie ein Samenkorn über eine Fülle von Fähigkeiten verfügt, die durch die Umwelt erst voll entfaltet werden, entwickelt auch der Mensch seine Fähigkeiten in enger Beziehung mit seiner Umwelt. Doch ist die Pflanze nicht das bloße Ergebnis dieser Entwicklungsbedingun-

gen. Vielmehr gestalten diese die Entfaltung der in der Pflanze angelegten Fähigkeiten. Mit anderen Worten: Auch die äußere Umwelt ist von entscheidender Bedeutung für die Entwicklung und Entfaltung des Kindes.

Viele Beispiele zeigen, dass scheinbar angeborenes Verhalten erst durch bestimmte Erziehungs- und Umwelteinflüsse zustande kommt.

Hierzu folgendes Beispiel: Drei Gruppen von Kindern, bei denen die Eltern ursprünglich aus etwa der gleichen sozialen Schicht stammten, wurden miteinander verglichen. Die erste Gruppe umfasste Kinder, die in normalen Familiensituationen aufwuchsen. In der zweiten Gruppe befanden sich Kinder, deren Mütter Gefängnisinsassinnen waren (Mütter und Kinder konnten täglich etwa zwei Stunden zusammen sein). Kinder aus Waisenhäusern stellten die dritte Gruppe. Nur die notwendigsten Bedürfnisse dieser Kinder wurden gestillt. Die Kinder der letzten Gruppe zeigten die größte Sterblichkeitsrate, waren später vermehrt sozial auffällig und wiesen die niedrigsten Intelligenzleistungen im Vergleich zu den übrigen beiden Gruppen auf. Kinder, die in der normalen Familiensituation aufwuchsen, schnitten hinsichtlich der Intelligenz und des körperlichen Zustandes am besten ab und waren emotional am wenigsten störanfällig (vgl. Spitz, 1960, 1967; Bowlby, 1952). Aus diesen Untersuchungen lässt sich eine Tatsache klar und deutlich ablesen: Die Erziehung bestimmt weitgehend die Entwicklung des Kindes.

Merke

Bewusste Erziehung heißt, nicht nur die Erziehung vermitteln, sondern ein Erziehungsziel haben: das Kind zu einem sozial handelnden Wesen zu erziehen.

Betrachte den Menschen als ein Bergwerk,
reich an Edelsteinen von unschätzbarem Wert.
Nur die Erziehung kann bewirken,
dass er seine Schätze enthüllt und
die Menschheit daraus Nutzen zu ziehen vermag.
(Aus den Bahâì-Schriften)

Frage 29:
Wie mache ich Fleiß und Leistung zu einem selbstverständlichen Bestandteil eines erfüllten Lebens?

Geschichte: Nicht alles auf einmal

Ein Prediger kam in einen Saal, um zu sprechen. Der Saal war leer, bis auf einen jungen Stallmeister, der in der ersten Reihe saß. Der Mullah überlegte sich: »Soll ich sprechen oder es lieber bleiben lassen?« Schließlich fragte er den Stallmeister: »Es ist niemand außer Dir da, soll ich Deiner Meinung nach sprechen oder nicht?« Der Stallmeister antwortete: »Herr, ich bin ein einfacher Mann, davon verstehe ich nichts. Aber wenn ich in einen Stall komme und sehe, dass alle Pferde weggelaufen sind und nur ein einziges dageblieben ist, werde ich es trotzdem füttern«. Der Mullah nahm sich das zu Herzen und begann seine Predigt. Er sprach über zwei Stunden lang. Danach fühlte er sich sehr erleichtert und glücklich und wollte durch den Zuhörer bestätigt wissen, wie gut seine Rede war. Er fragte: »Wie hat Dir meine Predigt gefallen?« Der Stallmeister antwortete: »Ich habe bereits gesagt, dass ich ein einfacher Mann bin und von so etwas nicht viel verstehe. Aber wenn ich in einen Stall komme und sehe, dass alle Pferde außer einem weggelaufen sind, werde ich es trotzdem füttern. Ich würde ihm aber nicht das ganze Futter geben, das für alle Pferde gedacht war«.

Antwort Battegay

Fleißiger Einsatz in Beruf und Haushalt macht noch kein befriedigendes Leben, geschweige denn ein schönes Familienleben aus. Heute sind ja oft beide Partner, auch wenn sie kleine Kinder haben, berufstätig. Haben die Eltern vorwiegend nur den beruflichen und materiellen Erfolg als Ziel vor Augen, werden sich die Kinder vernachlässigt und zu wenig beachtet fühlen. Dazu kommt, dass Väter und Mütter, für die die Arbeit das Wichtigste ist, ungeduldig mit ihren Kindern sind.
Aber selbst wenn nur der Vater allein einer Berufsarbeit nachgeht und diese als Arbeitssüchtiger (workaholic) betreibt, können Kinder unter der mangelnden Zuwendung des Vaters leiden. Der Vater sollte daher versuchen, seinen Kindern soviel Zeit wie möglich zu widmen.

Antwort Peseschkian

Folgendes ist zu beachten: Es kommt weniger auf das Zuviel an Fleiß an, sondern auf das Zuwenig an Zuwendung. Das Kind des arbeitswütigen Vaters leidet nicht so sehr unter dem Fleiß des Vaters, sondern vielmehr unter dem Mangel an Zeit und Geduld, die der Vater ihm gegenüber aufbringt.
Eine entwicklungsgemäße Erziehung bedeutet, dass man die Bedürfnisse und Nöte eines Menschen entsprechend dessen Entwicklungsstufen befriedigt:
Eine 35-jährige Frau lebt mit ihrer Mutter zusammen. Die Mutter verhält sich so, als hätte sie ein siebenjähriges Kind vor sich. Die Frau wird von ihrer Mutter in allen Bereichen bevormundet. Gelegentliche Befreiungsversuche der Tochter, beispielsweise dadurch, eine Arbeit aufzunehmen oder Kontakt nach außen zu finden, werden dadurch abgeblockt, dass die Mutter

dies als Aggression des »Kindes« betrachtet. Sie reagiert darauf, indem sie Herzbeschwerden entwickelt. Dadurch fühlt sich die Tochter gezwungen, sich der Mutter zu widmen und Versuche der Selbstbehauptung fallen zu lassen. Auch die Scheidung der Tochter erfolgte auf Betreiben der Mutter.

Ein Beispiel für Indifferenz:

Die Fähigkeiten eines Kindes werden ungleich beansprucht; es wird vor Aufgaben gestellt, die es altersgemäß nicht lösen kann. Bemerkt der Erzieher dies, bemitleidet das Kind und nimmt ihm die Lösung der Aufgabe ab, bringt die zunächst gestellte Forderung das Kind in einen Selbstwertkonflikt. Danach erhält es eine unangemessene Lösungsmöglichkeit: So wird ein Kind späterhin erwarten, dass schwierige Probleme auch ohne sein Zutun gelöst werden. So kann sich ein konsequentes Problemlösungsverhalten nicht herausbilden und das Kind wird sich kaum über längere Zeit der Lösung einer Aufgabe widmen.

Merke

Lerne zu unterscheiden zwischen Bildung und Ausbildung.

Frage 30:
Reichen Geduld und Liebe, um sich in der Erziehung durchzusetzen?

Geschichte: Ein guter Tausch

Eine Frau fragt ihre beste Freundin, wie es denn ihrem letzten Verehrer, einem reichen älteren Mann, gehe, und erhielt folgende Antwort: »Ich glaube, ihm geht es gut. Wir hatten ein Tauschgeschäft miteinander. Am Anfang hatte ich die Erfahrung und er das Geld. Jetzt habe ich das Geld und er die Erfahrung.«

Antwort Battegay

Grundvoraussetzungen jeglicher Erziehung sind Liebe und Achtung dem Kind oder Jugendlichen gegenüber. Das bedeutet keineswegs, dass man ihnen alles durchgehen lassen sollte. Sie müssen lernen, dass ihnen Grenzen gesetzt sind. Kinder erwarten, dass ihre Eltern ihnen zeigen, wie weit sie gehen dürfen. Die Erzieher sollten ihnen beibringen, einen Sinn für das Maß zu erkennen.

Nur so werden sie, erwachsen geworden, mit ihren Mitmenschen auskommen, sie schätzen lernen und die in der Bibel verkündete Botschaft »Liebe Deinen Nächsten wie dich selbst« verstehen und beachten. Wir dürfen unsere Kinder also nicht so erziehen, als wären sie allein auf der Welt. Sie sollen sich vor allem am Vorbild der Erzieher orientieren können. Es ist aber auch notwendig, mit den Kindern und Jugendlichen in Diskussionen die eigenen Vorstellungen zu erläutern. Strafen sind hierbei keine passenden Erziehungsmittel. In der Schule sollten Toleranz und Gerechtigkeit herrschen. Sehr wichtig ist Einfühlungsvermögen. Sonderrechte für einzelne Kinder oder für einen Schüler sind ungerecht. Wer seine Aufgabe als Lehrer ernst nimmt, kann dies jedoch nicht ohne Liebe und Respekt für die Heranwachsenden erfüllen.

Aufgabe von Erziehung ist das Fördern kreativer und rücksichtsvoller Charaktereigenschaften und Begabungen. Es ist dies eine mit Liebe zu erfüllende, hohe ethische Aufgabe gegenüber der heranwachsenden Generation.

Eltern und Lehrer, die dementsprechend handeln, können Kinder und Jugendliche zu selbstständigen und sozial handelnden Mitmenschen erziehen.

Antwort Peseschkian

Liebe und Gerechtigkeit sind das Wichtigste bei der Erziehung. Beim Prinzip der Gerechtigkeit wird eine Leistung gegen eine andere aufgewogen. Liebe hingegen ist das Zeichen positiver emotionaler Zuwendung und umfasst den Menschen als Ganzes. Man betrachtet nicht nur bestimmte Eigenschaften und Fähigkeiten, sondern meint den Träger dieser Eigenschaften. Es ist richtig, bestimmte Forderungen an das Kind zu stellen. Das Kind erwartet dies sogar. Versagt aber das Kind, ist es nötig, zwischen seinem Willen und seiner Veranlagung zu unterscheiden. Das heißt: *Ich nehme dich so, wie du bist, auch wenn du einen Fehler gemacht hast. Ich weiß, dass du daraus lernen wirst, und auch ich werde aus meinen Fehlern lernen.*

Merke

Lerne zu unterscheiden zwischen Liebe und Gerechtigkeit.

Unter Diskussionen verstehen Männer die Kunst,
den Partner zum Schweigen zu bringen.
Frauen verstehen darunter die Kunst,
den Partner nicht zum Reden kommen zu lassen.
(Fritz Eckhardt)

Frage 31:
Haben Angst, Aggression und Depression keinen Platz in einem glücklichen Leben?

Eine Metapher: Wussten Sie schon

Wussten Sie schon
dass die Nähe eines Menschen – gesund machen, krank machen – tot und lebendig machen kann
dass die Nähe eines Menschen – gut machen, böse machen – traurig und froh machen kann
Wussten Sie schon
dass das Wegbleiben eines Menschen sterben lassen kann
dass das Kommen eines Menschen – wieder leben lässt
dass die Stimme eines Menschen – einen anderen Menschen wieder aufhorchen lässt
der für alles taub war.
Wussten Sie schon
dass das Anhören eines Menschen Wunder wirkt
dass das Wohlwollen Zinsen trägt
dass ein Vorschuss an Vertrauen hundertfach auf uns zurückkommt
dass tun mehr ist als reden
wussten Sie das alles schon?

(Wilhelm Willms)

Antwort Battegay

Angst wird einem Menschen stets dann, wenn er sich bedroht fühlt. Angst ruft oftmals unüberlegte Reaktionen hervor. Eine realistische Einschätzung der Gefahr ist unumgänglich.
Doch angst wird dem Menschen auch dann, wenn er erkennt, sich nicht seinen Vorstellungen und Bedürfnissen entsprechend verwirklichen zu können.
Angst entsteht aber ebenso dann, wenn ein Mangel an Aufmerksamkeit und Umsorgung durch Mutter oder Eltern vorliegt und in konfliktfördernder Umgebung kein Selbstvertrauen entwickelt werden kann. Solche Individuen fühlen sich in ihrem Leben zwangsläufig frustriert oder gekränkt, entwickeln selbstzerstörerische Tendenzen und Aggressionen gegen ihre Umgebung, sind gestört in ihrer Kommunikationsfähigkeit und kaum liebesfähig. Umso mehr werden sie ihre Mitmenschen etwa beneiden und Aggressionen gegen sie entwickeln.
In einer Psychotherapie kann es gelingen, diesen Teufelskreis zu durchbrechen und den Betroffenen Schritt für Schritt zu Selbstvertrauen und auch Liebesfähigkeit zu verhelfen.

Antwort Peseschkian

Ein Fallbeispiel verdeutlicht diese zentrale Frage.

Die lästige Mutter

Ein 17-jähriges Mädchen leidet unter Hemmungen und Kontaktarmut. Die Familiensituation ist dadurch gekennzeichnet, dass alle darum bemüht sind, offene Spannungen zu vermeiden. Lautstarke Auseinandersetzungen gibt es nicht, obwohl zahlreiche Probleme bestehen. Der Vater kümmert sich mehr um seine Mutter, die im gleichen Haus wohnt, als um seine Frau. Die Frau nimmt dies zum Anlass, sich stets, wenn ihr Mann zu seiner Mutter geht, bei ihrer Tochter zu beklagen. Ausschließliches Gesprächsthema sind Vater und Schwiegermutter. Dieser Ablauf hat sich zu einem tagtäglichen Ritual entwickelt. Die Tochter würde gern ihren Freund treffen, möchte aber ihre Mutter nicht allein lassen. Der Wunsch der Tochter auszugehen, war mit Schuldgefühlen belastet.

Angst ist eine sinnvolle Reaktion auf Gefahrenmomente. Zu unterscheiden ist zwischen realen Bedrohungen und Ängsten, die keinen Realitätsbezug haben. Angst ist auch verständlich als Signal, als Appell, als Wunsch nach Geborgenheit, Sicherheit und Schutz – unabhängig davon, ob die Angst durch äußere und innere Vorkommnisse ausgelöst wird. Die Angst kann sich zu einer Phobie entwickeln, unter der heutzutage immer mehr Menschen leiden.

Da Angst nicht nur ein individuelles Phänomen ist, sondern ansteckend wirken kann, kann sie nicht nur den persönlichen, sondern auch den politischen Alltag beeinflussen oder gar bestimmen. Angst kann sich großer Menschengruppen bemächtigen und schlimmstenfalls Terror erzeugen. Dieser Terror erzeugt neue Angst – so lassen sich ganze Völker in Angst und Schrecken versetzen.

Werden Menschen gekränkt, kann dies zu Aggressionen führen. Aggression muss aber nicht immer zerstörerisch sein, sondern kann auch – nach Battegay – ein Mittel der Kommunikation darstellen: Statt sitzen zu bleiben, wenn ein Mensch auf mich zukommt, auf ihn zuzugehen, ihm damit meine Sympathie auszudrücken; dies nennen wir positive Aggression.

Depressive benötigen Einfühlungsvermögen und Verständnis durch ihre Umwelt. Im akuten Stadium von Depressionen können zunächst Medikamente Hilfe bieten. Depressive brechen oft

die Beziehungen zu ihrer Umwelt ab, versuchen darüber hinaus, sich einzuigeln, versinken in Hoffnungslosigkeit.
Dem Depressiven sollte man Gegenkonzepte anbieten. Dem pessimistischen »Die Flasche ist halb leer« wird das positive Konzept »Die Flasche ist halb voll« entgegengesetzt. Damit bietet sich eine positive Sicht der Dinge an. Auch jede dunkle Nacht hat ein helles Ende.

Merke

Gesund ist nicht derjenige, der niemals Ängste und Depressionen hat, sondern derjenige, der in der Lage ist, damit angemessen umzugehen.

Reibung erzeugt Wärme.
Wenn das Herz brennt, muss der Kopf kühl bleiben.

Der Depressive hat die Fähigkeit, bei der Wahl zwischen zwei Übeln sich für beide zu entscheiden.

(Positive Psychotherapie)

Frage 32:
Warum hilft mir die beste Absicht oft nicht, die Ziele für meine Kinder zu erreichen?

Eine Lebensgeschichte über Identifikation und Projektion

Wenn du schwanger wirst, fliegst du raus!
Die 17-jährige Tochter der Familie R. hatte für eine Party Ausgang bis Mitternacht bekommen. Um halb eins war sie immer noch nicht da. Gegen halb zwei kam sie endlich und wurde ins Gebet genommen: »Man kann sich nicht auf dich verlassen, wer weiß, mit wem du dich herumtreibst. Wenn du mit einem Kind ankommst, fliegst du raus.«
Die Eltern übertrugen ihre eigenen Sorgen und aggressiven Vorstellungen auf ihre Tochter, ohne deren tatsächliche Motive zu erfragen. Sie hatte zu Fuß nach Hause gehen müssen. Ein Telefon war nicht zur Hand.

Antwort Battegay

Auch wenn sich Eltern alle erdenkliche Mühe geben, ihre Kinder gut zu erziehen, können sie Fehler machen. Schon allein das allzu konsequente Einhalten gewisser Prinzipien kann sensible Kinder traumatisieren. Diese wollen nicht immer nach starren Grundsätzen behandelt werden. Sie erwarten, dass Eltern und Erzieher auf ihre Eigenheiten eingehen und diese zu verstehen suchen. Auch müssen die Eltern berücksichtigen, dass die Heranwachsenden Episoden durchlaufen, in denen sie sich ganz besonders gegenüber den Erwachsenen behaupten

wollen. Diese Art Trotzhaltung kann die Erwachsenen zur Verzweiflung bringen. In der Pubertät werden die Jugendlichen mit ihrer Sexualität konfrontiert. Gleichaltrige werden oft wichtiger als die Eltern.
Heutzutage sollten Eltern ihren Kindern gegenüber aufgeschlossener und flexibler eingestellt sein, als das bei früheren Generationen der Fall war. Oft ist Eltern jedoch die eigene Selbstverwirklichung wichtiger, so dass sie aus verschiedenen Gründen ihre Kinder oft allein lassen oder fremder Obhut überlassen, so dass diese sich dann vernachlässigt fühlen.

Antwort Peseschkian

Ein Beispiel:
Mein sehnlichster Wunsch war seit meiner frühesten Kindheit das Balletttanzen. Ich durfte dies nie. Als ich eine Tochter bekam, war es für mich schon klar, dass sie zum Ballettunterricht durfte, ja musste. Mit dreieinhalb Jahren ging sie in die Ballettschule. Mein Traum schien erfüllt. Meiner Tochter gefiel das aber gar nicht, und ich musste sie schweren Herzens nach zwei Jahren wieder abmelden. Es bleibt mir nichts anderes übrig, als selbst – heimlich vor dem Spiegel – »Schwanensee« zu tanzen! (28-jährige Mutter von 2 Kindern).
Oft soll ein Kind das erreichen, was Vater oder Mutter haben, es soll sich an ihnen ein Vorbild nehmen.
Andere sagen: »*Warum soll mein Kind es besser haben, als ich es gehabt habe?*« Die andere Variante: »*Mein Kind soll das erreichen, was ich nicht erreicht habe.*« Hierbei werden unerfüllte Wünsche – wie in obigem Beispiel – vom Erwachsenen auf das Kind übertragen. Oftmals werden auch Erziehungspraktiken, die Erwachsene in ihrer Kindheit erfahren haben, ins Gegenteil umgekehrt.

Merke

Um Missverständnisse zu vermeiden:
Schließe nicht von dir auf andere, sondern frage nach den Motiven und lerne zu unterscheiden zwischen eigenen und fremden Motiven.

Frage 33:
Kann man das,
was man versäumt hat, nachholen?

Metapher: Jeder ist einzigartig und einmalig

Die Arbeit des Erziehers gleicht der eines Gärtners, der verschiedene Pflanzen pflegt. Eine Pflanze liebt den strahlenden Sonnenschein, die andere den kühlen Schatten; die eine liebt das Bachufer, die andere die dürre Bergspitze. Die eine gedeiht am besten auf sandigem Boden, die andere in fettem Lehm. Jede muss die ihrer Art angemessene Pflege haben, andernfalls bleibt ihre Vollendung unbefriedigend.

Antwort Battegay

Hierzu ein Fallbeispiel:
Ein Schüler aus angesehener Familie konnte auf keiner Schule lange durchhalten. 22-jährig kam er in Psychotherapie. Parallel zur Psychotherapie besuchte er eine Schule für Lernbehinderte; er litt an einer Aufmerksamkeitsdefizit-Störung. Diese Schule hielt er über längere Zeit durch. Der Patient erkannte, dass er so viel versäumt und dadurch Jahre verloren habe. Ich gab zu bedenken, dass er nun seine Ausbildung zum Sozialpädagogen mit größerer Reife vollziehen könne.
Auf die Frage, ob man Versäumtes einfach nachholen kann, muss ich antworten, dass dies nicht immer möglich ist. Dem zitierten Patienten gelang dies jedoch.

Antwort Peseschkian

Auch wenn sich viele Ereignisse und Erlebnisse bewahren lassen, steht dem Menschen nur eine begrenzte Lebenszeit zur Verfügung, innerhalb derer sämtliche Fähigkeiten entwickelt werden müssen. Für die Entwicklung des Körpers sowie der Aktual- und Grundfähigkeiten steht nur eine gewisse Zeit zur Verfügung. Wird diese Zeit vertan, hat der Mensch große Schwierigkeiten, später das Versäumte nachzuholen; in bestimmten Fällen ist ein Nachholen aus eigener Kraft nicht möglich. Ein Beispiel: Die Koordination der Augenbewegungen wird nur bis zu einem bestimmten Alter selbstregulativ entwickelt. Danach lässt sich die Störung nur durch Operation beseitigen. Ein weiteres Beispiel: Ein Kind, dem die Möglichkeit zum Spielen aus irgendeinem Grund genommen wurde, kann sich zum Störenfried oder Eigenbrötler entwickeln. Auch hier kann meist nur eine Therapie, beispielsweise eine Spieltherapie, helfen.

Die Einzigartigkeit der Fähigkeiten eines jeden Menschen hängt ab von den Zeitumständen und den damit verbundenen Bedingungen. Jedes Verhalten eines Menschen wird in bezug auf die jeweilige Situation beurteilt: Ein Mensch kann morgen, übermorgen oder nächstes Jahr bei veränderter Lebenssituation ein anderes Verhalten zeigen. Er kann Pech gehabt haben. Er ist deswegen noch lange kein ewiger Pechvogel. Wird die Einmaligkeit verkannt, verwechselt man ein situationsabhängiges Verhalten eines Menschen mit dessen Wesen. Man unterscheidet nicht zwischen Handlung und Persönlichkeit. Dies bedeutet, dass man zu einer Eigenschaft, die man jetzt hat, nicht auf ewig verurteilt zu sein braucht.

Merke

In gleicher Weise wie der Beurteilte sind der Beurteiler und das Urteil selbst von den Zeitumständen abhängig. Jemanden, den man bis gestern gehasst hat, kann man heute wieder schätzen, sogar lieben, wenn sich die Umstände ändern. Ein Wunsch, der bisher immer versagt bliebt, kann in Erfüllung gehen, wenn es die Zeitumstände erlauben. Etwas, was man bisher nicht gelernt hat, kann man lernen.

Alles sollte erlernt werden, nicht, um damit anzugeben, sondern um es anzuwenden.

Frage 34:
Sind gute Absichten auch von unbewussten psychischen Vorgängen abhängig?

Eine Geschichte aus dem Leben:
Es kommt darauf an, wie wir es sehen und sagen!

Ein reicher Mann geht mit seinem Sohn auf den Berg und sagt: »Schau, das alles ist unseres!« Ein anderer Mann geht mit seinem Sohn auf den Berg und sagt: »Schau!«

Antwort Battegay

Zweifellos spielen unbewusste psychische Vorgänge eine Rolle bei der Begegnung zwischen Menschen, so auch bei der Erziehung. So können sich unbewusst wahrgenommene frühere oder aktuelle Frustrationen der Eltern auf deren Erziehungsverhalten auswirken. Das elterliche Verhalten kann daher vom Kind als latent aggressiv erlebt werden, selbst wenn die Eltern sich selbst als gütig einschätzen. Das Kind spürt aggressive oder doppelsinnige Untertöne und wird skeptisch den Eltern gegenüber, stellt deren vordergründig gute Absicht in Frage. Eltern sollten deshalb immer versuchen, nicht nur ihre Licht-, sondern auch ihre Schattenseiten zu sehen, um ihren Kindern offen entgegentreten zu können.

Antwort Peseschkian

Ein Vater beschwert sich über seine 18-jährige Tochter, die in der letzten Zeit trotzig und aggressiv sei. Der Vater war ein in sich gekehrter Mensch, der seine Arbeitskraft nur für die Familie einsetzte. Als das Mädchen begann, sich zu emanzipieren, wurde der geschlossene Kreis der Familie aufgebrochen. Der Vater erlebte dies als Bedrohung seiner Welt, denn anderen Menschen gegenüber war er misstrauisch. Während also die Beziehung zum »Du« besonders stark ausgeprägt war, zeigte sich die Beziehung zum »Wir« als unvollständig und labil.
Eine normalerweise unbewusst ablaufende Schutzfunktion spielt sich so ab, dass man Probleme aus einem Lebensbereich, die man dort nicht lösen kann, auf einen anderen Bereich überträgt.

Fallbeispiel: »Meine armen Kinder«

»Mein Mann ist manchmal sehr barsch zu mir. Ich nehme dies aber hin aus Angst, dass er herumschreit. Meine Wut lade ich aber auf meine Kinder ab. Hinterher tut es mir leid, und ich entschuldige mich bei ihnen.« (43-jährige berufstätige Mutter)

Merke

Das Kind ist nicht das Spielzeug der Eltern und der Partner nicht das Mittel, um sich unerfüllte Wünsche zu verwirklichen. Es ist daher wichtig, dass man seine eigenen, meist gut gemeinten Absichten auf ihren unbewussten Hintergrund hin untersucht.

Frage 35:
Sind nicht jedem Menschen Grenzen gesetzt?

Eine Metapher über Grenzen

*Herr, setze dem Überfluss Grenzen und lasse die Grenzen
überflüssig werden.
Lasse die Leute kein falsches Geld machen und auch das Geld
keine falschen Leute.
Nimm den Ehefrauen das letzte Wort und erinnere die Männer
an ihr erstes.
Schenke unseren Freunden mehr Wahrheit und der Wahrheit
mehr Freunde.
Bessere solche Beamte, Geschäfts- und Arbeitsleute,
die wohl tätig, aber nicht wohltätig sind.
Gib den Regierenden ein besseres Deutschland und
den Deutschen eine bessere Regierung.
Herr, sorge dafür, dass wir alle in den Himmel kommen –
aber nicht sofort.*

(Hermann Klappen von St. Lamberti zu Münster
aus dem Jahr 1883)

Antwort Battegay

Obschon im menschlichen Gehirn unendlich viele Möglichkeiten angelegt sind, vermag der Mensch oft nur das zu verwirklichen, was ihm seine milieubedingte Herkunft gestattet. Selbst hochbegabte Menschen stoßen irgendwann an ihre Grenzen.

Der Volksmund sagt, dass kein Mensch über seinen Schatten springen könne. Wie in meiner Schrift »Grenzsituationen« (Battegay, 1992, 2005) zu lesen, befindet sich jedes Individuum gelegentlich in einer Grenzsituation. Auch Mitmenschen, Umwelt und Natur setzen uns Grenzen. Menschen, die in ihrer Not psychotherapeutische Hilfe suchen, befinden sich häufig am Ende ihrer Leidensfähigkeit. Durch eine Psychotherapie, oft in Kombination mit Antidepressiva, kann diesen Menschen geholfen werden. Die in einer Depression erlebten Grenzen öffnen sich dann wieder.
Ein älterer, depressiver Geschäftsmann erklärte mir, er müsse sein Geschäft wegen Kundenmangels schließen. Sein Sohn gab auf Befragen an, das Gegenteil sei der Fall. Nach erfolgreich verlaufener Psychotherapie erkannte der Vater, dass sein Sohn recht hatte. Krankheit setzt uns zwar häufig Grenzen, aber diese können im positiven Fall wieder überwunden werden.
Doch sollten wir zeitlebens bestrebt sein, innerhalb der uns gesetzten Grenzen unsere Fähigkeiten zu nutzen.

Antwort Peseschkian

Das folgende Beispiel verdeutlicht diese Frage:
Ein Akademiker, dessen Frau sich wegen seines Ehebruchs hatte scheiden lassen, bekam Depressionen, als seine geschiedene Frau sich wiederverheiratete. Der Patient entwickelte starke Schuldgefühle und versuchte, seine Ex-Frau wieder zurückzugewinnen. Er verkannte die Situation vollkommen. Es war ja gar nicht mehr möglich, mit ihr die gleiche Beziehung weiterzuführen, die vor seinem Ehebruch bestanden hatte. *Er hatte Grenzen überschritten.*
Dem Menschen steht auch nur eine begrenzte Zeit zur Verfügung. Einmal ist die Lebenszeit begrenzt, zum anderen steht

für die individuelle Entwicklung auch nur eine begrenzte Zeit zur Verfügung. Ist dieser Zeitpunkt verpasst, hat man oft große Schwierigkeiten, das Versäumte aus eigener Kraft nachzuholen.

Merke

Für jede Schwierigkeit gibt es eine Lösung:
entweder diese zu ändern oder lernen, diese zu ertragen.

Frage 36:
Können Männer wie Frauen in der Gesellschaft gleiche Rechte haben?

Eine Metapher

Wie kann man sich selbst kennen lernen?
Durch Betrachten niemals, wohl aber durch Handeln.
(Johann Wolfgang von Goethe)

Antwort Battegay

Wenn auch das Vorbild der Eltern eine nicht zu unterschätzende Rolle in der Identitätsfindung der Kinder spielt, so lässt sich heutzutage kaum mehr eine Frau durch Ehemann oder Lebenspartner auf Dauer in eine untergeordnete Position versetzen. Sollte ein Mann dies versuchen, so wird es zu Konflikten bis hin zur Ehescheidung kommen. Hohe Scheidungsziffern lassen vermuten, dass Rollenerwartungen und -verhalten immer noch stark voneinander abweichen. Erwarten Männer, dass sie in Ehe und Familie alleinige Entscheidungsgewalt haben, so steht das im Gegensatz zu den Erwartungen der modernen Frauen, die gleiche Rechte in Partnerschaft, Ehe und Familie einfordern.

Die Zeiten des Patriarchats sind vorbei, und wer seine Kinder noch so erzieht, erzieht sie an der sozialen Realität vorbei. Allerdings beklagen manche Frauen, dass sie keine wirklichen Männer mehr als Partner bzw. Ehemänner finden, die möglichst unabhängig für sich und ihre Familie einstehen. Die Emanzipa-

tion der Frauen ist zweifellos gut, doch scheint es wichtig, dass sie den Männern ihr Selbstbewusstsein in einer Partnerschaft nicht nehmen.

Antwort Peseschkian

Hierzu wieder ein Beispiel:

»Ach, nur ein Mädchen!«
»Frau zu sein war für mich eine Strafe. Frau: minderwertig, treu, gefühlvoll, dumm, schwach, leidend unter den Eigenheiten des Mannes, abhängig. Mann: gut, untreu, sachlich, intelligent, stark, draufgängerisch, unverletzlich, unabhängig. Daraus folgerte ich für mich: für mich kommt nur ein männliches Verhalten in Frage ...« (23-jährige Studentin)
Kaum ein Gebiet löst tiefere Emotionen aus als das Verhältnis zwischen Mann und Frau.

»Als Hausfrau und Mutter kam ich nicht klar«
Mit meiner Rolle als Hausfrau und Mutter kam ich nicht klar. Wegen meiner Berufstätigkeit hatte ich die Verantwortung für das Kind meiner Schwiegermutter überlassen. Ich glaubte, dass es von ihr mehr geliebt und besser versorgt würde. Auch glaubte ich, durch die zeitweise Trennung von dem Kind würde sich meine Beziehung zu ihm bessern; ich versuchte, mich auf das Wiedersehen am Abend zu freuen.« (29-jährige Sekretärin, Schwiegermutter-Konflikt, Schlafstörungen)

Die Erziehung der Eltern prägt ein Kind schon frühzeitig: »Ein Junge weint nicht«, »du bist doch kein Mädchen«, »ein Mädchen wartet, bis es gefragt wird«, »ein Junge hat draußen zu helfen, ein Mädchen in der Küche«. Dies kann sich später auch auf die Berufswahl auswirken. Allergrößten Einfluss besitzt offenbar das Vorbild der Eltern – wie verhält sich der Vater gegenüber der Mutter und umgekehrt.

Merke

Wenn Mädchen die gleiche Erziehung erfahren wie Jungen, so können sie gleichermaßen bei ähnlichen Fähigkeiten und gleicher Bildung gleichberechtigte Erwachsene sein.

Erfolg ist nicht der Schlüssel zum Glücklichsein.
Glücklich sein der Schlüssel zum Erfolg.

Wenn du das, was du tust, liebst,
wirst du erfolgreich sein.
(Albert Schweitzer)

Frage 37:
Was hat Glaube mit Psychotherapie zu tun?

Geschichte: Glaube an Gott und binde dein Kamel fest

Die Gläubigen kamen in Scharen, um die Worte des Propheten Mohammed zu hören. Ein Mann hörte besonders aufmerksam und andächtig zu, betete mit Inbrunst und verabschiedete sich schließlich vom Propheten, als es Abend wurde. Kaum war er draußen, kam er wieder zurück gerannt und schrie mit sich überschlagender Stimme: »Oh Herr! Heute morgen ritt ich auf meinem Kamel zu dir, um dich, den Propheten Gottes, zu hören. Jetzt ist das Kamel nicht mehr da. Weit und breit ist kein Kamel zu sehen. Ich war dir gehorsam, achtete auf jedes Wort deiner Rede und vertraute auf Gottes Allmacht. Jetzt, oh Herr, ist mein Kamel fort. Ist das die göttliche Gerechtigkeit? Ist das die Belohnung meines Glaubens? Ist das der Dank für meine Gebete?« Der Prophet hörte sich diese verzweifelten Worte an und antwortete mit einem gütigen Lächeln: »Glaube an Gott und binde Dein Kamel fest«.

Antwort Battegay

Wenn wir den Glauben in weiterer als rein religiöser Sicht zu erfassen suchen, erkennen wir, dass Glauben auch Grundvertrauen in andere Menschen, in sich selbst, die eigene Zukunft bedeutet. Nach Giacomo Rizzolatti (2002, 2003) besitzen Menschen die Fähigkeit, Vorgänge und Handlungen, die in anderen

Menschen ablaufen, unbewusst nachzufühlen, im Gedächtnis zu halten, zu spiegeln und zu deuten. Spiegelneurone im Gehirn bewirken dies. Schon die kleinste Wahrnehmung genügt den Spiegelneuronen, den ganzen Handlungsablauf zu speichern (Bauer, 2005). Beim Wissen um diese Eigenschaften der Spiegelneurone müssen wir also annehmen, dass der Mensch unbewusst in der Lage ist, die psychomotorischen Vorgänge bei anderen Menschen mitzuvollziehen. Der Glaube an die Mitmenschen und das Eingehen sozialer Bindungen und Verpflichtungen scheint durch die Spiegelneurone erleichtert zu werden. Allerdings ermöglichen die Spiegelneurone es auch zu erkennen, ob ein Mitmensch möglicherweise böse Absichten hegt. Diese intuitive Einfühlung in die Befindlichkeit anderer Menschen und die Konsequenzen daraus können aber zu Irrtümern führen, so dass man zunächst die Situation analysieren sollte, bevor man handelt.

Ob ein Mensch an sich und seine Zukunft glaubt, ist vorwiegend davon abhängig, ob er bei Eltern oder Ersatzpersonen Liebe und Anerkennung erfahren hat. Nur wer in der Kindheit Liebe und Zuwendung erlebt – und in seinen Spiegelneuronen wahrgenommen hat –, wird fähig sein, an sich zu glauben.

Für die Religion gilt ein Gleiches: Wer durch seine Eltern echte Religiosität erfahren und durch die Spiegelneurone als Resonanz wahrgenommen hat, wird späterhin die Werte der Religion zu schätzen wissen.

Antwort Peseschkian

Zwischen Glaube, Religion und der Institution Kirche muss unterschieden werden. Glaube wird in unserer Zeit zumeist mit Kirche und Religion und dem Leben nach dem Tode assoziiert, obwohl die Funktion des Glaubens viel weiter reicht. Glaube ist ein Phänomen, das Gegenstand einer Psychotherapie werden kann, deshalb nicht tabuisiert werden sollte und selbstverständlich in Nähe zur Religion steht. Ein Zeitphänomen scheint die Tatsache, dass viele Menschen in nichts mehr einen Sinn sehen können. Die früher gestellte Frage nach dem »Woher« ersetzt heute die Frage nach dem »Wozu«, gültig in allen Lebenslagen. In der psychotherapeutischen Praxis wird oft die Frage nach dem Sinn und Unsinn von Religion gestellt.

Es hat sich gezeigt, dass der Begriff Religion vielen Missverständnissen unterliegt. Die Begriffe »Religion« und »Glaube« führen zu emotionalem Widerstand und intellektueller Abwehr. Man wagt kaum, überhaupt von Religion zu sprechen, es sei denn im abwertenden Sinn. War früher Sexualität tabuisiert, ist es heute die Religion. Dabei finden sich im Zusammenhang mit einer Reihe von seelischen Störungen gerade Konflikte, die den Bereich der Religion im weitesten Sinn betreffen.

Religion kann ein Hilfsmittel sein, das dem Wesen des Menschen angemessen wirkt. Sie kann aber nur dann sinnvoller Weg sein, wenn sie den Bedürfnissen und Nöten der Menschen entspricht. Dabei ist zu unterscheiden zwischen Glaube, Religion und Kirche. Aufgabe der Religion ist es, dem Menschen Werte, Ziel und Sinn darzustellen (Sinngebung), während Wissenschaft Erklärungen sucht, logische Gesetzmäßigkeiten erkennt und neue findet (Sinnfindung). Religion und Wissenschaft sollten, sofern sie dem Menschen nützen wollen, sich ergänzen und eine Einheit bilden. Religion ersetzt nicht Psychotherapie – und Psychotherapie ist nicht Religionsersatz.

Merke

Lerne zu unterscheiden zwischen Glaube, Religion und Kirche (Institution).

Nichts hindert uns, die Weltordnung der Naturwissenschaft und den Gott der Religion zu identifizieren.

(Max Planck)

»... den größten Respekt und die größte Bewunderung für alle Ingenieure, besonders für den größten unter ihnen: Gott!«

(Thomas A. Edison)

Frage 38:
Heutzutage sind viele Menschen von der Religion enttäuscht. Hat sie dennoch eine Chance?

Eine Metapher

Eine Kerze hat zwar die Fähigkeit, zu brennen, wie wir alle die Fähigkeit haben, zu glauben; sie kann aber niemals von allein brennen. Dazu benötigt sie eine Flamme, die ihren Docht entzündet. Diese Flamme entspricht der Religion. Damit die Kerze genügend Halt bekommt und auch keinen Schaden anrichtet, stellt man sie in einen Kerzenhalter. Die Kirche kann mit einem Kerzenhalter verglichen werden, wobei eine wahre Kirche genügend Stabilität besitzen muss, die Kerzen aufrecht zu halten, sie aber nicht so überspannt sein darf, dass sie die Flamme des Glaubens durch den Wildwuchs der Institution erstickt.

Antwort Battegay

Zutiefst wünscht sich jeder Mensch eine höhere Macht, die Vorsehung in sich birgt und die ihm zumindest teilweise die letzte Verantwortung für sein Denken, Tun und Lassen abnimmt. Auch die Angst vor dem Tod hofft der Mensch hierdurch zu verlieren. Wie Carl Gustav Jung bemerkte, existieren im »kollektiven Unbewussten« eines jeden Menschen sogenannte Archetypen (Urtypen) des Erlebens, die das Verständnis für über die Zeiten gültige menschliche Probleme erleichtern. Man kann auch von einem archetypischen »Gottesbedürfnis« des Menschen sprechen. Das heißt aber nicht, dass alle Individuen eine

Gotteserfahrung erleben. Schon der Gottesglaube kann beim Kind durch Vorbild und Verhalten seiner Eltern geweckt werden. Ohne dieses archaische Gottesbedürfnis der Menschen hätten die Religionsstifter aller Zeiten kaum eine derartige Wirkung ausüben können. Diese haben den göttlichen Funken in sich wohl besonders stark wahrgenommen und daraus die Kraft ihres Wirkens geschöpft. Doch ist es nicht allen Menschen gegeben, einen Bezug zu ihrem »Gott-Archetypus« zu finden. Allerdings habe ich in vielen Diskussionen den Eindruck gewonnen, dass Atheisten besonders intensive Gottessuchende sein können, die bei ihrer kühl-rationalen Weltanschauung oft Enttäuschte sind.

Dem Menschen ist es in den letzten Jahrzehnten gelungen, die Schwerkraft der Erde zu überwinden und in den Weltraum vorzustoßen. Es ist ihm geglückt, das menschliche Genom zu entziffern und früher tödliche Krankheiten zu besiegen. Auch in der Informatik sind ungeheure Fortschritte erzielt worden; das Internet verbindet in Sekunden Menschen miteinander überall auf der Erde. Die Menschheit befindet sich in einem Taumel, in dem alles möglich scheint.

Religiöser Glaube hingegen scheint dem Menschen heutzutage oft als veraltet. Was er früher Gott zuschrieb, meint er nun selbst zustande zu bringen. Er hängt dem Irrglauben an, sich für unfehlbar zu halten. Die Freizeitgesellschaft sowie materieller Besitz lassen indes die Menschen oft leer und am Sinn des Lebens zweifeln. In den Beziehungen der Menschen der »reichen« Länder zu jenen der Hunger- und Elendsregionen fehlt es häufig an echtem Mitgefühl und an Solidarität. Das Bibelwort: »Liebe deinen Nächsten wie dich selbst« ist vielen Menschen fremd geworden; sie denken allzu oft nur noch an sich.

Da und dort lassen sich bei den drei monotheistischen Religionen vage Ansätze von Erneuerung erkennen. Allerdings bedrohen gleichzeitig religiöse Fanatiker mit ihrer Welt- und Gottessicht Andersgläubige. Gewaltandrohung hilft hier aber nicht weiter. Es sollte unter allen Umständen versucht werden, einen Dialog zu eröffnen. Vielleicht könnte die UNO ein Forum hierzu bieten.

Antwort Peseschkian

Die heutigen sichtbaren Verfallserscheinungen religiösen Lebens, wie Kirchenaustritte und intellektueller Widerstand gegen religiöse Dogmen, sind als ein Teil eines Einschmelzungs- und Auflösungsprozesses aufzufassen, dessen tiefere Ursachen nicht in einer »religiösen Schwäche«, wie viele Fachleute annehmen, sondern in einer »Unterscheidungsschwäche« zu suchen sind. Ein religiöses Leben sollte von naiven Äußerlichkeiten gelöst werden, damit echte Substanz wachsen kann. Aber: Lerne zu unterscheiden zwischen Glauben, Religion und Kirche.
Viele Menschen haben eine Art kosmischen Hunger, ein Bedürfnis, mit dem Göttlichen in Beziehung zu treten. Glaube ist ein wesenhafter Ausdruck unseres Lebens, das Unsichtbare zu erkennen und zu lieben. Man glaubt, eine Prüfung auf sich zu nehmen, man glaubt an die Fähigkeiten seines Kindes, die noch verschüttet sind. Dieser Glaube an das Kind kann bewirken, dass es diese Fähigkeiten mit der Zeit tatsächlich entwickeln kann. Man glaubt an eine Theorie und fühlt sich verpflichtet, sie auf ihren Wahrheitsgehalt hin zu prüfen. Man glaubt an etwas Unbekanntes und tritt mit ihm in Beziehung.

Merke

Die Fähigkeit, an einen Menschen zu glauben, bedarf eines Mittlers, einer Bezugsperson, die einen lehrt, wie man anderen Menschen glauben und ihnen vertrauen darf. Der religiöse Glaube bedarf der Religionsstifter, Religionen und religiösen Institutionen, damit das Feuer des Glaubens entfacht werden kann.

»Es ist keine Schande zu beten, wie auch zu trinken und zu atmen. Der Mensch braucht Gott, wie er Wasser und Sauerstoff braucht.«

(Alexis Carrel, Nobelpreisträger 1912)

»Die gelegentlich gehörte Meinung, dass wir im Zeitalter der Weltraumfahrt so viel über die Natur wissen, dass wir es nicht mehr nötig haben, an Gott zu glauben, ist durchaus nicht zu rechtfertigen. Bis zum heutigen Tag hat die Naturwissenschaft mit jeder neuen Antwort wenigstens 3 neue Fragen entdeckt!«

(Wernher von Braun)

»Nur ein erneuter Glaube an Gott kann die Wandlungen herbeiführen, die unsere Welt vor der Katastrophe retten könnte. Wissenschaft und Religion sind dabei Geschwister, keine Gegensätze.« (Wernher von Braun)

Frage 39:
Was haben alle Religionen gemeinsam?

»Die wunderbare Einrichtung und Harmonie des Weltalls kann nur nach dem Plane eines allwissenden und allmächtigen Wesens zustande gekommen sein. Das ist und bleibt meine letzte und höchste Erkenntnis.« (Isaac Newton)

Antwort Battegay

Allen Religionen ist der Umstand gemeinsam, dass sie den Menschen die Zuversicht verleihen, nach dem irdischen Tode in Ewigkeit weiterzuleben. In den monotheistischen Religionen ist der Glaube an das ewige Leben der menschlichen Seele verankert.

Ein weiterer wichtiger Aspekt der monotheistischen Religionen ist, dass der Mensch in seinen Gebeten Gott um Gnade bitten kann. Der sich sonst oft ohnmächtig fühlende Mensch hofft, so Gott beeinflussen zu können. Die Religionen vermitteln dem Menschen das Gefühl, auch *sub specie aeternitatis* (unter dem Aspekt der Ewigkeit) Bedeutung zu haben.

Religionen vermitteln aber auch ein Gemeinschaftsgefühl; der gemeinsame Glaube vermag die Gläubigen zu stärken.

Allerdings können sich religiöse Gemeinschaften auch in Fanatismus und Gewalt verrennen, wenn sie für sich jeweils einen Absolutheitsanspruch beanspruchen. Andersgläubige Menschen können so zu Feindbildern werden.

Antwort Peseschkian

Jede Religion weist etwa sieben Attribute auf, die sich auch im religiösen Verhalten wiederfinden.

1. In längst vergangenen Epochen glaubte man an Zauberei, Magie; an Animismus, an die Beseeltheit der Natur; an eine Vielzahl von Göttern; zuletzt nur noch an einen einzigen Gott. So unterschiedlich diese Gottesvorstellungen auch sein mögen, gemeinsam ist ihnen die Suche nach dem Unbekannten, dem Schöpfer.
2. Die Hoffnung des Menschen auf ein Leben nach dem Tod.
3. Gebete, Meditation, Opferrituale und das Fasten.
4. Alle Religionen bauen auf früheren Religionen auf. Die Religionsstifter, die zu verschiedenen Zeiten lebten, sind daher keine Rivalen, die von der gleichen Wahrheit sprechen.
5. Jede Religion hat ihre Normen und Werte, nach denen sich das Verhalten der Gläubigen richten soll. Wandel und weitere Entwicklung einer Gesellschaft können jedoch Normen, Gesetze und Gebote verändern.
6. Eine zeitgemäße Religion bringt nicht nur neue Normen mit sich, sondern trennt für die vorhergehende Religion den wesentlichen Kern von dem, was im Laufe der Zeit als äußere Schale entstand.
7. Jede Religion hat ihre eigenen Prophezeiungen.

Merke

Religion und der moderne Mensch: Jede Religion gibt dem Menschen das, was er darin sucht. Einige Lehren früherer Religionen sind heutzutage nicht mehr haltbar.

»Der erste Trunk aus dem Becher der Naturwissenschaft macht atheistisch, aber auf dem Grund des Bodens wartet Gott.«

(Werner Heisenberg, Nobelpreisträger)

Frage 40:
Warum ist es so schwierig, eigene Vorurteile zu erkennen und zu überwinden?

Spruch

Wenn unser Verstand nicht zwischen Dogmen, Aberglauben und Vorurteilen auf der einen und der Wahrheit auf der anderen Seite unterscheidet, so können wir nicht zum Ziel gelangen.
(Aus den Bahá'ì Schriften)

Antwort Battegay

Starren Einstellungen liegt oft Unsicherheit zugrunde. Stures Festhalten an einer Meinung oder einem Vorurteil zeugt davon, dass die Betroffenen sich eine offene Diskussion mit Andersdenkenden und -glaubenden nicht zutrauen. Bereitschaft zu freier, unbeschwerter Auseinandersetzung erfordert Selbstvertrauen. Ist das nicht vorhanden, bleibt der Mensch in der Regel so unsicher, dass er seine Aggressionen auf andere projiziert und ihnen Feindseligkeit unterstellt. Melanie Klein bezeichnet dies als »Projektive Identifikation«.
Solche Feindbilder wird es wohl geben, so lange es Menschen gibt. Unsere Aufgabe besteht darin, Kinder und Jugendliche so zu erziehen, dass sie um ihre Schwächen wissen und sie zu verarbeiten lernen.

Antwort Peseschkian

Das Kind lernt zunächst durch Nachahmung der Eltern und seiner näheren Umgebung. Entweder übernimmt das Kind die elterlichen Verhaltensmuster oder es rebelliert dagegen, wirft sie ab oder es kann keine hinreichend stabile Identifikationsrolle finden. So sind erste Möglichkeiten einer Fixierung gegeben, die unbewusst erfolgt. Wurde ein Säugling gestillt, kann sich das Kind daran später aber nicht erinnern. Trotzdem übernehmen wir derartige Informationen als eigene Erinnerung, halten daran fest. Die Folge ist, dass wir bewusst oder unbewusst erwarten, dass die anderen genauso handeln, wie wir es uns selbst vorgestellt haben. Die zweite Hauptquelle der Vorurteile – auch im religiösen Bereich – ist die mangelnde Unterscheidung. Während wir den einen Aspekt, die Differenzierung von Religion und Kirche, schon behandelt haben, ist ein weiterer Aspekt von großer Wichtigkeit. Dieser Aspekt hat zu tun mit »richtigem« und »falschem« Lernen und der Entwicklung von Vorurteilen und Aberglauben. In der ersten Phase der Entwicklung ist die Nachahmung eines Vorbildes bedeutsam.

Vorurteile entwickeln sich später. Ein Vorurteil braucht sich nicht ausschließlich auf negative Eigenschaften zu beziehen; es kann mit ebensolcher Bestimmtheit mit positiven Verhaltensweisen verknüpft werden. Darüber hinaus haben Vorurteile nicht etwa die Neigung, sich selbst zu korrigieren, sondern sie gehen in andere Vorurteile über oder verkehren sich ins Gegenteil. Man ändert lieber die Welt als sein Vorurteil. Warum lassen sich Vorurteile so schwer abbauen? Um das Vorurteil nicht einer Prüfung aussetzen zu müssen und es nicht in Frage stellen zu lassen, versucht man unwillkürlich, Auseinandersetzungen, die es ins Wanken bringen könnten, zu vermeiden. Wie kann aber ein Mensch jemals wissen, ob er etwa einem Irrtum – in

Form eines Vorurteils – verfallen ist, wenn er nie versucht, dies herauszufinden?

Merke

Ein Vorurteil ist ein unzeitgemäßes Urteil, das zumeist stark mit Gefühlen besetzt ist. Auf Vorurteilen basieren viele zwischenmenschliche Konflikte. Erziehungsprobleme und zwischenmenschliche Konflikte sind oft nicht unausweichliches Schicksal oder das Produkt eines bösen Willens, sondern die Folge des Teufelskreises der Vorurteile.

Frage 41:
Warum ist die Einstellung vieler Psychoanalytiker der Religion gegenüber so kritisch?

Carl Gustav Jung (1875–1961), Schweizer Psychiater, Begründer der Analytischen Psychologie

»Es ist gleichgültig, was die Welt über religiöse Erfahrungen denkt; derjenige, der sie hat, besitzt den großen Schatz einer Sache, die ihm zu einer Quelle von Leben, Sinn und Schönheit wurde und die der Welt und der Menschheit einen neuen Glanz gegeben hat (...). Wo ist das Kriterium, das zu sagen erlaubte, dass (...) solch eine Erfahrung nicht gültig und (...) bloße Illusion sei?«

Antwort Battegay

Die Schulengründer der Psychotherapie und andere Vertreter dieses Faches versuchten, die von ihnen behandelten Menschen von ihren unbewussten Fesseln zu befreien und haben die Religionen zu sehr als im Unbewussten begründete psychopathologische Phänomene betrachtet. Sie haben dabei oft übersehen, dass, wie ich bereits in der Beantwortung einer anderen Frage festgestellt habe, ein archetypisches Gottesbedürfnis beim Menschen besteht, das ihn seine Endlichkeit besser ertragen lässt. So erlebt sich der Mensch als Teil der Ewigkeit. Die Religionen künden von der Unsterblichkeit der Seele. Dieser Ewigkeitsglaube ist nicht nur als Ausdruck einer kollektiven menschlichen Neurose zu betrachten. Erkennen wir denn nicht schon in den Ahnentafeln oder Stammbäumen unseren Wunsch nach einem Fortleben der Generationen?

Doch auch damit ist den Menschen die Angst vor der Endlichkeit ihrer Existenz nicht genommen. Das archetypische Bild der göttlichen Ewigkeit gibt dem Menschen darüber hinaus noch die für ihn oft lebensnotwendige Zuversicht, über den Tod hinaus als solcher zu bestehen.

Antwort Peseschkian

S. Freud hatte der Religion gegenüber ein ambivalentes Verhältnis. Neben seiner teils kritischen, teils ablehnenden Haltung finden sich in Freuds Werk viele Textstellen, in denen er der Religion eine nicht nur bedeutsame, sondern eine positive Rolle zuspricht. Heinrich Meng berichtet, dass Freud auf seine Frage, ob jener die Religion tatsächlich als Neurose auffasse, antwortete: »Ein Mensch kann ein richtiger Mensch werden durch eine richtige Religion.« Freud fügt hinzu: »Ich bin von den Christen enttäuscht, nicht vom Christentum.« Ein weiteres Wort von S. Freud scheint mir so bedeutsam, dass ich es an dieser Stelle zitieren möchte: »Wer die Großartigkeit des Weltzusammenhangs und dessen Notwendigkeit zu ahnen begonnen hat, der verliert sein eigenes kleines Ich. In Bewunderung versunken, wahrhaft demütig geworden, vergisst man zu leicht, dass man selbst ein Stück jener wirkenden Kräfte ist und es versuchen darf, nach dem Ausmaß seiner persönlichen Kraft ein Stückchen jenes Ablaufes der Welt abzuändern, der Welt, in der das Kleine doch nicht minder wunderbar und bedeutsam ist als das Große«. (Sigmund Freud, Gesammelte Werke, Bd. VIII, S. 142 f.)

Bei näherer Betrachtung lässt sich oftmals feststellen, dass dort, wo die Autorität S. Freuds herangezogen wird, die Unsinnigkeit von Religion im großen und ganzen zu beweisen, eine Rationalisierung im Sinne der psychoanalytischen Theorie vorliegt. Diese Menschen versuchen – bewusst oder unbewusst –, durch solche Zitate und Aussagen die eigene Verantwortung gegenüber der Religion zu verschieben. Andere Psychiater und Psychotherapeuten zeigen eine ähnliche Ambivalenz.

Merke

»Jedem tiefen Naturforscher muss eine Art religiösen Gefühls nahe liegen, weil er sich nicht vorzustellen vermag, dass die ungemein feinen Zusammenhänge, die er erschaut, von ihm zum ersten Mal gedacht werden. Im unbegreiflichen Weltall offenbart sich eine grenzenlose überlegene Vernunft. – Die gängige Vorstellung, ich sei ein Atheist, beruht auf einem großen Irrtum. Wer es aus meinen wissenschaftlichen Theorien herausliest, hat diese kaum begriffen.«

(Albert Einstein)

Frage 42:
Warum ist Religion nicht mehr Bestandteil unseres täglichen Lebens?

Robert Andrews Millikan (1868–1953), amerikanischer Physiker, Nobelpreisträger 1923:

»Leute, die wenig von Wissenschaft wissen, und Leute, die wenig von Religion verstehen, mögen sich einmal streiten, und die Zuschauer mögen denken, da streiten sich nun die Wissenschaft und der Glaube, während es sich in der Tat um einen Zusammenstoß zwischen zwei Arten von Unwissenheit handelt.«

Antwort Battegay

Einerseits leben wir, besonders in den wohlhabenden Ländern, in einer Zeit, in der nur die Ratio gilt. Andererseits leben in der Gegenwart, selbst in den westlichen Demokratien, wieder Bewegungen auf, die sich krassen nationalistischen und rassistischen Ideologien verschrieben haben. Deren Anhänger verlieren jegliche Vernunft und halten sich für wertvoller als andere Menschen. Der heutige Homo sapiens handelt oft irrational; lehnt ab, was mächtiger sein könnte als er. Naturkatastrophen, wie Hurrikane, Überschwemmungen, Erdrutsche, Gletscherabbrüche, Erd- und Meeresbeben zeigen ihm jedoch, dass er diesen wie eh und je weitgehend machtlos ausgesetzt ist. Die Erschütterung über Katastrophen hält in der Regel aber nicht lange an, und der Mensch kehrt dann meist wieder zu seiner Vorstellung, auch die Natur meistern zu können, zurück.

Alle Menschen haben Träume, Visionen und Phantasien, von deren Symbolgehalt sie fasziniert oder geängstigt sind. Religionen vermitteln dem Menschen richtungsweisende Ansätze zum Verständnis des Irrationalen und geben diesem einen Sinn. Gottesglaube fußt ja bei den monotheistischen Religionen auf der Erkenntnis, dass eine Macht existiert, die die Welt »leitet«. Ethische Grundsätze finden Gläubige z. B. in den Zehn Geboten. Religionsstifter kündeten ihre Glaubenssätze, die stets weit von einer Alltagslogik entfernt sind. Dagegen wehren sich nun verständlicherweise jene, die sich blind an die Ratio klammern, in Ausnahmezuständen aber etwa rasch die Vernunft verlieren. *Dabei muss auch bedacht werden, dass, wie es Prof. Peseschkian schildert, die Vertreter der verschiedenen Religionen oft einen Absolutheitsanspruch erheben, der zu Ausgrenzung, Feindschaft und selbst zu Kriegen führen kann. Echter Glaube jedoch liegt nur da vor, wo der Mensch im Antlitz des Mitmenschen seinesgleichen erkennt.*

Antwort Peseschkian

Neue religiöse Offenbarungen lehnen die Menschen offenbar ab; die einmal gewählte Religion besitzt für sie einen Absolutheitsanspruch. Man kann es auch als Fixierung bezeichnen. In der Vorstellungswelt des Gläubigen wird der Absolutheitsanspruch seines Glaubens dadurch gerechtfertigt, dass er Gründe hierfür zu haben glaubt. Idealisiert werden beispielsweise Auferstehung, Himmelfahrt, unbefleckte Empfängnis usw.

Die Idealisierung der jeweils eigenen Religion geht zumeist Hand in Hand mit einer Abwertung anderer Religionen und ihrer Anhänger. Idealisierung finden auch die Handlungsweisen der Propheten; auch sogenannte Wunder dienen als Beweis für die Existenz einer Religion; Verkündungen werden wörtlich genommen.

Merke

Wer die Erfüllung von Prophezeiungen wortgetreu erwartet, wird an ihrer Verwirklichung vorbeigehen.

Wenn du einen Menschen glücklich machen willst,
dann füge nichts seinen Reichtümern hinzu,
sondern nimm ihm einige seiner Wünsche.
(Epikur)

Frage 43:
Worin kann ich einen Schöpfer erkennen?

Max von Laue (1879–1960), deutscher Physiker, Direktor am Max-Planck-Institut für Physik in Berlin, Nobelpreisträger 1914:

»Die Naturforscher wollten Gott von Angesicht zu Angesicht sehen. Da das nicht möglich war, beteuerte ihre exakte Wissenschaft, dass es ihn nicht gebe. Um wie vieles sind wir Naturforscher bescheidener geworden! Wir beugen uns in Demut vor dem Übergroßen, vor dem Übermächtigen, dem ewig Unsichtbaren, dem niemals Erfasslichen.«

Antwort Battegay

Das Geschehen im Weltall und auf der Erde verläuft nach physikalischen, biochemischen, molekularbiologischen und anderen Naturgesetzen. Jedoch hat der Mensch längst nicht alles erforscht. Auch seine Psyche ist ihm, trotz aller Erkenntnisse der verschiedenen psychologischen Schulen, teilweise fremd geblieben. Schon seit Urzeiten weiß der Mensch, dass sich die Dinge nach einer gewissen Ordnung bewegen und die Natur das Prinzip der Fortpflanzung in sich trägt. Was ist daran so erstaunlich, dass der Mensch dahinter einen göttlichen Schöpfer annimmt, der die Natur und die Menschen erschaffen hat? Obschon wir Menschen vielleicht die einzigen vernunftbegabten Wesen sind, wissen wir nur wenig über den Weltanfang. Auch die Urknall-Theorie erklärt nicht alles.

Der Daseinsanalytiker Medard Boss sagte, dass »der Mensch die einzige Lichtung des Seins« darstelle. Er meinte damit, dass wohl nur der Mensch »das Offene und Lichte der Erscheinungsstätte alles Seienden« sei (Boss, 1975, Seite 219). Er betonte aber auch, dass das Menschenwesen das Wenigste selber »macht«, sondern »bei den sich ihm zeigenden Begebenheiten (es immer so sei), dass er sich in seinen Beziehungen zu ihnen bei ihnen allzumal aufhält und sich stets so oder anders – ihren Zuspruch vernehmend – ihnen antwortend zu ihnen verhält.«
Wir Menschen sind uns heutzutage bewusst, dass wir nur eine sehr bescheidene Dimension in der Welt einnehmen, und suchen unentwegt nach einer Erklärung, wer dies alles geschaffen hat. Je mehr wir aber einen Schöpfer als Projektion des Menschen auffassen, desto fragwürdiger wird unser Gottesverständnis. Je weniger wir einer göttlichen Macht ein menschliches Antlitz zuordnen, desto berechtigter wird der Schöpfer-Begriff.

Antwort Peseschkian

Unsere eigene Existenz, unser Sein, lässt uns nach einem Schöpfer fragen, da die materielle Wirklichkeit nicht ausreicht, alles zu erklären.
Es gibt eine Vielzahl von Überlegungen; hier einige:
- Der Mensch als Teil der Natur verfügt über Fähigkeiten, die in keinem anderen Bereich der Natur vorkommen. Es ist aber kaum denkbar, dass ein Teil der Natur, nämlich der Mensch, etwas besitzt, was in der Natur nicht vorhanden ist. Hier bedarf es wohl einer anderen Quelle der Erklärung.
- Das Prinzip der Ordnung: Der Stoffwechsel einer Pflanze beispielsweise funktioniert mit einer faszinierenden Genauigkeit und spiegelt eine große Ordnung wider.
- Das Prinzip der Bewegung: Alle Materie, so fest sie erscheinen

mag, besteht aus sich bewegenden Elementen. Bewegung findet sich in allen Dingen der Natur. Wer hat aber den Anstoß für die erste Bewegung gegeben? Das Naturgesetz, welches für jede Bewegung einen Anstoß fordert, kann hier nicht zur Erklärung dienen.

- Das Prinzip der Zielsetzung (Finalität): Jede Pflanze birgt schon in ihrem Samenkorn einen unumstößlichen Plan ihrer Entwicklung, vom Keimling bis zum Reifen der Frucht. Dieser Plan scheint die gesamte Natur zu durchziehen. Ohne »Planer«, aus Zufälligkeit heraus, scheint dies unmöglich.

Zukunft nach Maß?

Wir müssen, so hat es den Anschein, mit dem Widerspruch leben, dass wir Zukunft planen können und müssen, dass sich Zukunft aber nicht notwendigerweise unseren Plänen gemäß gestaltet. Dies gilt für unsere persönliche Zukunft wie für die Zukunft der Menschheit. Dieser Mangel an Kontrollierbarkeit lässt viele Menschen und Institutionen resignieren. Die verantwortungsvolle Planung der Zukunft ist eine unserer wichtigsten Aufgaben. Institution und Phantasie sind hierbei vonnöten, auch Utopien. Phantasie kann auf die Fortentwicklung der Menschheit Einfluss nehmen. Sie beinhaltet Ziele und Wünsche, die schöpferische Kräfte frei werden lassen. Phantasie und Intuition sollten daher in allen Lebensbereichen eingesetzt werden.

Merke

»Den ewigen, unendlichen, allwissenden und allmächtigen Gott habe ich vorüberziehen sehen, und ich bin vor Ehrfurcht in die Knie gesunken.«

(Karl von Linné)

Frage 44:
Warum kann man Gott nicht erkennen?

Blaise Pascal (1623–1662), französischer Mathematiker, Physiker und Philosoph:

»Der Glaube sagt wohl, was die Sinne nicht sagen, aber er kann nicht das Gegenteil wahrnehmen; er steht darüber, nicht dagegen!«

Antwort Battegay

Menschen sind eingebunden in Koordinaten, die wir durch unsere Sinnesorgane und unsere Vernunft erfassen können. Dinge aber, für die wir keine Sinne zur Verfügung haben, können wir höchstens erahnen oder auf Umwegen wissenschaftlich definieren. Unsere Vorstellung, wie wir Gott erkennen können, stoßen bald an Grenzen. Das Wesen Gottes liegt jenseits unseres Erfassungspotentials. Doch können wir aus der Ordnung, die sich im Weltgeschehen manifestiert, erahnen, dass eine göttliche Macht hinter allem steht. Mit unseren menschlichen Begriffen können wir dies niemals voll erfassen. Das uns innewohnende archaische Gottesbedürfnis lässt uns demütig an einen Gott glauben, dem wir letztlich unsere Existenz verdanken.
In unserem Suchen nach Gott stoßen wir aber oft an eine Grenze, die in jedem Menschen reaktiv Angst auslösen kann, die nicht selten aber auch fasziniert, weil derjenige, der an die Grenze des menschlichen Daseins stößt, gleichzeitig, vielleicht

erstmals, sein inneres Wesen zu erahnen vermag. So wird dem Menschen die Grenzerfahrung etwa zum sinngebenden Ereignis, um dessen Verständnis er sich strebend bemüht.

Antwort Peseschkian

Unterteilen wir die Welt in vier Seinsstufen: die Mineralien; die Pflanzen; die Tiere; die Menschen. Jede Stufe ist durch bestimmte Eigenschaften charakterisiert: Mineralien durch Anziehung und Absetzung, Pflanzen durch Stoffwechsel und Wachstum, Tiere durch Verhalten und Gefühle, Menschen durch Bewusstsein. Jede Stufe verfügt außer den für sie typischen Eigenschaft über die Eigenschaften der vorhergehenden Stufen. Umgekehrt aber kann keine Stufe Eigenschaften der ihr übergeordneten Stufe erreichen und erfassen.

Merke

Gott ist all diesem übergeordnet und entzieht sich daher dem Verstand der Menschen. Der Mensch kann wohl sich selbst, Tiere, Pflanzen und Mineralien erkennen. Das Wesen Gottes jedoch bleibt ihm verschlossen.

»Die Ordnung, das Ebenmaß, die Harmonie bezaubern uns … Gott ist lauter Ordnung. Er ist der Urheber der allgemeinen Harmonie.«

(Gottfried Wilhelm Leibniz)

Frage 45:
Welche Mittel stehen uns zur Verfügung, Gott zu erkennen?

Friedrich Wilhelm Herschel (1738–1822),
deutscher Astronom, Entdecker des Planeten Uranus:

»Je mehr das Feld der Wissenschaft sich erweitert, desto zahlreicher und unverwerflicher werden die Beweise für die ewige Existenz einer schöpferischen und allmächtigen Weisheit.«

Antwort Battegay

Die menschlichen Sinne erfassen nicht alles, was in der Welt, was in uns vor sich geht. Unsere Sinne vermögen nur das zu erkennen, wozu sie angelegt sind. Eine Sinnestäuschung, wie zum Beispiel eine Fata Morgana, wird jedoch zunächst als objektive Erscheinung empfunden.

Auch ist unser Denken, selbst wenn wir in mehreren Kulturbereichen gelebt haben, sehr stark von dem abhängig, was wir als Kinder und Jugendliche erlebt haben.

Die Menschen stehen bei der Beurteilung der Dinge immer im Dialog mit ihnen; die objektive Wahrnehmung enthält stets auch subjektive Bewertungsmomente. Auch ist das Erleben des Menschen nicht nur von bewussten Denk- und Gefühlsinhalten abhängig, sondern auch von unbewussten Vorstellungen und Phantasien. Das Unbewusste befähigt den Menschen zu Intuition und Kreativität, zu Erkenntnis und Liebe. Doch enthält das Unbewusste auch verdrängte Ich-Regungen, die sich negativ auf das Befinden und das Leistungsvermögen auswirken können.

Schon allein die Ordnung, die sich aus den Einstein'schen Erkenntnissen ergibt, könnte auf die Existenz einer höheren Instanz hinweisen. Diese ist zwar für uns rational nicht fassbar. Wenn wir aber dennoch von Gott als Schöpfer sprechen, so drücken wir dadurch auch die Ehrfurcht vor der unfassbar mächtigen Kraft aus, gemäß deren Plan die Welt ihren Ursprung nahm und sich weiter entwickelt.

Antwort Peseschkian

Der Verstand dient der Realitätsüberprüfung; mit ihm kann der Mensch seine kulturelle Entwicklung vorantreiben. Er wird daher nur zu gern als einziger Maßstab der Wahrheit genommen: Ich glaube nur, was mir einleuchtet und was mir mein Verstand sagt. Er sollte jedoch nicht zum einzigen Maßstab erhoben werden. Wäre der Verstand der absolute Maßstab der Erkenntnis, so müssten alle rationalen Argumente von Gelehrten zu weitaus den gleichen Schlüssen führen. So schlüssig ein Argument sein mag, unter anderen Bedingungen, unter anderen Gesichtspunkten ist ihm ein anderes, ebenso rationales Argument entgegenzuhalten.

Intuition besitzt jedes Individuum. Poetisch bezeichnet man sie als Stimme des Herzens, als Eingebung, und in der Sprache der Religion als Inspiration. Die Vorstellung von dem, was wichtig, gut, wahr und angemessen ist, empfindet ein Mensch ganz plötzlich. Er fühlt genau, dass das, was er tut, richtig ist. In der Tat ist die Intuition und die mit ihr verbundene Phantasie oft genug das Mittel vollkommen unkonventioneller, schöpferischer und im tiefsten Sinne wahrer Erkenntnisse. Sie scheint eng mit dem Vertrauen zusammenzuhängen, das ein Mensch zu sich selbst und den Kräften seines Glaubens hat.

Merke

Uns stehen zu einer angemessenen Prüfung der Wahrheit alle Mittel der Erkenntnis zur Verfügung. Eine Einseitigkeit im Gebrauch dieser Mittel kann zur Einseitigkeit der Erkenntnis führen. Dies bedeutet nichts anderes, als dass wir auch im Bereich der Religion mit unseren Augen sehen, mit unseren Ohren hören, mit unserem Verstand prüfen, auf Traditionen zurückgreifen und diese mit unserer Intuition, dem Gefühl unseres Herzens, verbinden: *Glaube an Gott und binde dein Kamel fest.*

Frage 46:
Treibt existentielle Angst den Menschen zur Religion, zum Glauben?

Wernher von Braun (geb. 1912), deutsch-amerikanischer Physiker und Raketenforscher::

»Über allem stehe die Ehre Gottes, der das große Universum schuf, das der Mensch und seine Wissenschaft in tiefer Ehrfurcht von Tag zu Tag weiter durchdringe und erforsche.«

Antwort Battegay

Ich glaube, dass diese Frage zu einfach gestellt ist. Zweifellos wird dem Menschen angst, wenn er die unermessliche Dimension des Weltalls wahrnimmt. Etwa wird uns angst davor, was in der Zukunft an Unvorhersehbarem geschehen könnte. Es beängstigt uns auch, wenn wir darüber nachdenken, welche Verantwortung wir für die Natur tragen. Daher ist es eigentlich verständlich, wenn wir uns schon allein aus Angst nach einer göttlichen Instanz sehnen. Doch wird in der Frage nicht berücksichtigt, dass wir auch einen wenig fassbaren Bereich in uns haben, der darum weiß. Die in der Welt herrschende »höhere Ordnung« entspricht seit Urzeiten dem menschlichen Gottesbedürfnis. Es ist meines Erachtens eine Fehlbeurteilung der Realität, wenn wir annehmen, dass wir alles rational zu erfassen vermögen. Seit der Aufklärung meint der Mensch, dass er imstande wäre, das Sein zu erklären; diese Annahme dürfte sich jedoch wohl nie erfüllen.

Wenn viele Menschen heutzutage zu einem Gott beten, ist es doch auch ein Zeugnis der bescheidenen Erkenntnis, dass der Homo sapiens niemals die Welt total erfassen und verstehen wird. Eine Urahnung, dass eine undefinierbare höhere Macht das Weltgeschehen entscheidend (mit)determiniert, bleibt im Menschen bestehen.

Antwort Peseschkian

Manche Philosophen und Wissenschaftler vertreten die Auffassung, dass die Ursachen von Religiosität und Religion sowie die Gottesvorstellungen in Unwissenheit und Furcht der Menschen begründet seien. Als Beweis nennen sie die Kulturformen der frühen primitiven Menschheit, die versuchte, durch Gebete und magische Riten feindliche Naturkräfte zu beschwichtigen. Da diesen Menschen die Naturgesetze noch unbekannt waren, sie viele Dinge nicht erklären konnten, schufen sie sich Götter, die sie für Naturereignisse wie etwa Donner, Blitz, verantwortlich machten. Im Gegensatz zur materialistischen Auffassung von Religion steht die Überzeugung, dass der Glaube an einen Gott einem grundlegenden Bedürfnis des Menschen entspricht. Furcht, Angst und Unwissenheit waren sicherlich zu bestimmten Zeiten, aber auch in unserer Zeit, Auslöser für das Entstehen gewisser Religionsformen. Die *Ursache* für den Glauben an einen Gott ist jedoch eine andere. Folgende Beispiele mögen dies belegen: Sonne, Regen und ein fruchtbarer Boden sind Voraussetzungen für das Wachstum einer Pflanze. Es ist aber nicht so, dass die Pflanze durch die Sonne, den Regen und den fruchtbaren Boden entstanden sei. Ein Kind lernt durch Lob, Nachahmung, Einsicht – aber auch durch Tadel, Bestrafung und Angst. Der Mensch hat die Fähigkeit, Erlerntes auf den Bereich des Glaubens zu übertragen.

Merke

Der Mensch besitzt die Fähigkeit, Beziehungen zu ihm Unbekanntem aufzunehmen, daher kann er glauben und sich eine Vorstellung von Gott machen. Durch Erziehung und äußere Einflüsse kann diese Fähigkeit entwickelt oder auch verhindert werden.

Reich ist man nicht durch das, was man besitzt,
sondern durch das, was man mit Würde zu entbehren weiß,
und es könnte sein, dass die Menschheit reicher würde,
indem sie ärmer wird, und gewinnt, indem sie verliert.

(Immanuel Kant)

Frage 47:
Gibt es ein Leben nach dem Tod?

... da der Tod (genau genommen) der wahre Endzweck unseres Lebens ist, so habe ich mich seit ein paar Jahren mit diesem wahren, besten Freunde des Menschen so bekannt gemacht, dass sein Bild nichts schreckendes mehr für mich hat, sondern recht viel beruhigendes und tröstendes! Und ich danke meinem Gott, dass er mir das Glück gegönnt hat, mir die Gelegenheit (sie verstehen mich) zu verschaffen ihn als den Schlüssel zu unserer wahren Glückseligkeit kennen zu lernen. Ich lege mich nie zu Bette, ohne zu bedenken, dass ich vielleicht (so jung ich bin) den anderen Tag nicht mehr sein werde – und es wird doch kein Mensch von allen, die mich kennen, sagen können, dass ich im Umgang mürrisch oder traurig wäre – und für die Glückseligkeit danke ich alle meine Tage meinem Schöpfer und wünsche sie von Herzen jedem meiner Mitmenschen ...

(Wolfgang Amadeus Mozart: Brief an den Vater)

Antwort Battegay

Die zeitliche Begrenztheit des Lebens auf Erden hat den Menschen zu allen Zeiten Angst bereitet. Aber wir verhalten uns doch meist so, als ob wir ewig lebten. Jedoch hinterlässt jedes Individuum dort, wo es lebt und wirkt, seine Spuren. So findet es in den nachfolgenden Generationen einen Nachhall. Auf diese Weise stellt der einzelne Mensch, wie schon Leibniz festgestellt hat, ein Glied in der Kette der Generationenfolge dar.

Man könnte dementsprechend von einer diesseitigen Transzendenz sprechen. Die dadurch überwunden geglaubte Endlichkeit genügt aber dem einzelnen Menschen in der Regel nicht. Er möchte, dass zumindest seine Seele ewig weiterlebt, oder wie es in der Bibel dargestellt ist, wieder auferstehen. Wenn Menschen nach einem Koma wieder aufwachen, ist dies keine Wiederauferstehung, noch können sie sofort an ihr früheres Leben anschließen. Ich verstehe aber, dass der religiöse Glaube zeitliche Schranken hinwegnimmt, dass uns die Vorstellung vom jenseitigen Leben den Schmerz unserer Endlichkeit vergessen lässt. Vor allem die Hoffnung, dass wir im Jenseits Verwandte und Freunde wiedersehen werden, ist für mich sehr verständlich. Doch ein Beweis hierfür existiert nicht.

Antwort Peseschkian

Hierzu ein Beispiel:
»Ich leide unter Depressionen. Ich bin menschenscheu und kontaktarm geworden und schlafe nächtelang überhaupt nicht. Den Menschen gegenüber bin ich sehr unsicher geworden und bilde mir ein, dass ich überhaupt nicht mehr zu ihnen gehöre. Unter diesen Beschwerden leide ich seit dem Tod meiner Mutter vor zwei Jahren. Ich habe das Gefühl, als seien meine Depressionen einfach Traurigkeit und innere Leere. Alles erscheint mir so sinnlos.« (34-jährige Mutter von 2 Kindern, abnorme Trauerreaktion)

Eine abnorme Trauerreaktion kann sich beim Tod eines Angehörigen einstellen, sie kann aber auch erst nach geraumer Zeit auftreten. Übergroße Trauer übersteigt oftmals die Leidensfähigkeit einer Person.

Die Einstellung zum Tod anderer Menschen

Die Bedeutung des Todes wird uns zumeist erst dann voll bewusst, wenn ein Mensch starb, der uns sehr nahe stand. Der Grad unserer emotionalen Beteiligung hängt auch davon ab, wie gut wir jemanden kannten, welche Erfahrungen wir mit ihm gemacht haben, welche Bedeutung er für uns hatte und welche Folgen sein Tod für uns bringen wird. So kann uns jemand lieb und teuer werden, wenn er nicht mehr da ist, während man ihn zu Lebzeiten kaum vermisst hatte. Darüber hinaus stellt sich die Frage nach einem ungerechten oder gerechten Tod. Oft geschieht es, dass ein Angehöriger den Tod einer Person nicht wahrhaben möchte. Während die »normale« Trauerarbeit nach einer gewissen Zeit beendet ist, setzt sich eine abnorme Trauerreaktion oftmals bis zur Erschöpfung fort.

Die Einstellung zum eigenen Tod

Der Tod ist das Schicksal des Menschen. Die Einstellung dazu aber ist bei jedem Menschen verschieden; zudem wandelt sich oftmals die Einstellung mit dem Alter. Viele Menschen meiden alles, was mit dem Tod zusammenhängt. Sie wollen es aus ihrem Bewusstsein bannen.

Andere Menschen sehen ihr Leben als »Durchgangsbahnhof«, als »Wartehalle« und ihren Tod als »Tor zum Leben«. Für sie bietet der Tod einen tiefen Trost, gleichwohl sie oft neben dem Leben zu stehen scheinen.

Merke

Religion und Wissenschaft: Wir betonen das, was von Weizsäcker postuliert hat: »Der Tod aber ist nicht ein Ereignis. Er ist umfassend Ordnung, und sein Abglanz ruht auf jedem Wandel, jedem Untergang, jedem Schlaf und jedem Abschied. Er, als Gesetz, bestimmt auch die Farbe des Erlebens – er ist die Farbe des Leidens.« »Der Tod ist nicht der Gegensatz zum Leben, sondern der Gegenspieler der Zeugung und Geburt; Geburt und Tod verhalten sich wie Rückseite und Vorderseite des Lebens, nicht wie logisch einander ausschließende Gegensätze. Leben ist: Geburt und Tod.«
Hier wird deutlich, dass Religion und Wissenschaft oftmals Berührungspunkte haben.

Wer fröhlich ist, hat allemal Ursache, es zu sein,
nämlich eben diese, dass er es ist.
Nichts kann so sehr nie diese Eigenschaft
jedes andere Gut vollkommen ersetzen,
während sie selbst durch nichts zu ersetzen ist.
Sei einer jung, schön, reich und begehrt, so fragt man sich,
wenn man sein Glück beurteilen will, ob er dabei heiter ist;
ist er hingegen heiter, so ist es einerlei,
ob er jung oder alt, gerade oder bucklig, arm oder reich ist.
Er ist glücklich.

(Arthur Schopenhauer)

»Ich bin auf meine Art gläubig geworden durch das Mikroskop und das Naturbetrachten. Ich will, was ich kann, dazu beitragen, Wissen und Religion ganz zu vereinen.«

(Carl Ludwig Schleich)

Frage 48:
Habe ich schon einmal gelebt?

Wernher von Braun auf der Tagung der Nobelpreisträger in Lindau, 1971:

»In unserer modernen Welt scheinen viele Menschen zu glauben, die Wissenschaft habe ›religiöse Gedanken‹ unzeitgemäß gemacht, und man müsse sie daher als überholt betrachten. Die Wissenschaft hat jedoch gerade für den religiösen Skeptiker eine große Überraschung bereit: Sie sagt eindeutig, dass in unserer Welt nichts – nicht einmal das kleinste Partikelchen – verschwinden kann, ohne eine diskrete Spur zu hinterlassen. Denken Sie einmal einen Augenblick darüber nach, und Ihre Gedanken über Sterblichkeit und Unsterblichkeit werden niemals mehr die gleichen sein. Die moderne Wissenschaft sagt, dass nichts wirklich spurlos verschwinden kann. Die Wissenschaft kennt keine totale Auflösung oder Vertilgung. Alles, was sie kennt, ist Verwandlung. Wenn Gott dieses fundamentale Grundprinzip auch auf das unbedeutendste Teilchen seines grenzenlosen Universums anwendet, ist es dann nicht nur vernünftig, zu vermuten, dass dieser göttliche Grundsatz auch für sein Meisterstück, die menschliche Seele, Anwendung findet? Alles, was mich die Wissenschaft lehrt – und nicht aufhört mich zu lehren –, bestärkt mich in meinem Glauben an die Fortsetzung unserer geistigen Existenz im Leben nach dem Tode. Denn nichts verschwindet, ohne eine Spur zu hinterlassen, und Vergehen ist nur Verwandlung.«

Antwort Battegay

Wie bereits dargelegt, leben wir, selbst wenn wir keine eigenen Kinder haben, in den nachfolgenden Generationen weiter. Wir hinterlassen Spuren, die fortwirken. Haben wir Nachkommen, so können sie uns psychisch und physisch gleichen. Wenn man so will, könnte man hiervon als »Wiedergeburt« sprechen. Doch ist ein Nachkomme genetisch und von der Gestalt her nicht identisch mit seinem »Vorgänger«.

Obschon der Gedanke der Reinkarnation die Menschen bereits seit Urzeiten beschäftigt, meine ich, dass die Vorstellung, ein Mensch werde nach dem Tod in ebensolcher Gestalt wiedergeboren, abwegig ist.

Es mag uns indes trösten, dass gewisse unserer Eigenschaften weitervererbt werden und auf irgendeine Weise in der Nachwelt ihren Nachhall finden.

Antwort Peseschkian

Ich glaube daran, dass die Attribute und Eigenschaften eines Menschen in seinen Nachkommen weiterleben. Die körperliche Gestalt eines Menschen kann jedoch nicht zurückgebracht werden (vgl. Kapitel Tod und Leben nach dem Tod).

Menschen unterscheiden sich durch unzählige Einzelheiten voneinander. Diese Unterschiede treten in den Bereichen des Körpers, der Umwelt und der Zeit auf. An der Einzigartigkeit eines jeden Menschen besteht kein Zweifel.

Merke

Da jeder Mensch hinsichtlich seiner körperlichen Gestalt einzigartig ist, ist es zumindest problematisch, von einer Wiederkehr in anderer Gestalt auszugehen. Für die Einzigartigkeit eines Menschen werden seine persönliche Aktivität und sein individueller Einsatz bedeutsam; er selbst ist nicht nur das Produkt von Körper und Umwelt, sondern entsteht in jedem Augenblick neu.

Der Feige stirbt schon vielmals, ehe er stirbt.
Die Tapferen kosten einmal nur den Tod.
(William Shakespeare)

Frage 49:
Wie kann ich mit dem Alter positiv umgehen?

Geschichte: Über das ewige Leben

König Anoschirwan, den das Volk auch den Gerechten nannte, wandelte durch sein Reich. Auf einem sonnenbeschienenen Hügel sah er einen ehrwürdigen alten Mann mit gekrümmtem Rücken arbeiten. Gefolgt von seinem Hofstaat trat der König näher und sah, dass der Alte kleine, gerade ein Jahr alte Stecklinge pflanzte. »Was machst du da?«, fragte der König. »Ich pflanze Nussbäume«, antwortete der Greis. Der König wunderte sich: »Du bist schon so alt. Wozu pflanzt du dann Stecklinge, deren Laub du nicht sehen, in deren Schatten du nicht ruhen und deren Früchte du nicht essen wirst?« Der Alte schaute auf und sagte: »Die vor uns kamen, haben gepflanzt, und wir konnten ernten. Wir pflanzen nun, damit die, die nach uns kommen, ernten können.«

Antwort Battegay

Auch in höherem Alter möchte man seinen Horizont noch erweitern. Allerdings weiß der Mensch dann, was für ihn maßvoll und was für ihn maßlos ist. Materielle Ansprüche werden im Allgemeinen im Alter geringer. Alten Menschen wird oft auch ersichtlich, dass das wahre Glück im Leben nicht nur von außen kommt, sondern ebenso im Inneren eines jeden begründet liegt. Zwar mögen Augen und Ohren nicht mehr so gut funktionieren wie früher, aber sie können, was sie früher als unumstößliche Wahrheit betrachtet haben, als von Vorurteilen geprägt erkennen. Auch finden sie nun nicht selten einen besseren Zugang zur Jugend. Auf diese Weise kann es sogar zu einem emotionalen Bündnis zwischen Großeltern und Enkeln kommen. Allerdings ist dies nicht immer problemlos für die Eltern. Auch können Betagte sich eher zurücknehmen.

Nach dem Rückzug aus dem aktiven Berufsleben können sich beim älteren Menschen noch Talente entfalten, die zuvor verborgen waren. Ein älterer Mensch hat in der Regel auch mehr Zeit zu Muße, Besinnlichkeit und zum Nachdenken.

Der 1901 geborene Historiker, Philosoph und Schriftsteller Jean-Rodolphe von Salis schrieb in den Jahren 1981–1983 ein Buch mit dem Titel »Notizen eines Müßiggängers«. Er beschrieb seinen »Ruhestand« so:

»Ich bin schon lange nicht mehr aktiv, genieße die Muße, versuche, nicht darunter zu leiden. Immer habe ich gerne Briefe geschrieben. Vermutlich hatte ich eines Tages das Bedürfnis, Briefe an mich selbst zu richten. Weil man so viel Zeit hatte, ertappte man sich bei Selbstgesprächen. Beim so genannten inneren Monolog. Vielleicht wollte ich der Gedankenflucht Einhalt gebieten, indem ich das Gedachte aufschrieb ... Ich fürchte, diese fast täglichen Notizen, die dem Müßiggang ihre Entstehung verdanken, gehorchen nicht einem Formgesetz. Sie fielen mir zu auf Grund des Tagesablaufs, des häuslichen Lebens, auf Grund von Ereignissen, Begegnungen, Reisen, Lektüren. Es sind Zeugnisse der Wachsamkeit, des Beobachtens, des Fragens. Ich kam unwillkürlich an den Punkt, wo man, wie Sokrates, das Gefühl hat, dass man nichts weiß ... Ich empfand das Bedürfnis, meine Aufmerksamkeit den Begebenheiten und Handlungen des gewöhnlichen Lebens zuzuwenden. Man hatte Ideen, Meinungen, Theorien und entdeckte, dass das Tägliche und Konkrete die besten Auskünfte bereit hält [...]«

Früher erblickte man in den Alten oft Weise, bei denen man sich Rat holte. Aber das gilt für die heutige Zeit kaum mehr.

Alte Menschen erleben meist viele Verluste durch den Tod von Angehörigen, Bekannten und Freunden, und fühlen sich dadurch allein in einer Umgebung, die ihnen kaum mehr vertraut ist. Doch sollte der alte Mensch nicht in dauernder Trauer verharren, sondern versuchen, mit anderen Menschen in Kontakt zu bleiben. Dies läge sicher auch im Interesse des lieben Verstorbenen. Die alten Menschen sollten es auf alle Fälle vermeiden, sich in ein Schneckenhaus zurückzuziehen. Das Wichtigste ist, besonders im Alter, der zwischenmenschliche Kontakt. Wir Menschen können, auch in vorgerückten Jahren, nur dann unserer selbst gewiss sein und glücklich fühlen, wenn wir in Kommunikation mit unseren Mitmenschen bleiben. Deshalb ist es ratsam, sich im Alter nicht von allen anderen abzugrenzen. Betagte Menschen, die mich wegen Depressionen aufsuchen, leben oft schon im Gespräch auf. Doch genügt oftmals ein Arztbesuch nicht, sie endgültig aus der Isolation zu reißen. Sie müssen auch selbstständig Kontakt zu anderen Menschen und entsprechenden Interessengruppen suchen. Sie sollten vor allem nicht warten, bis andere Menschen auf sie zukommen. Aus falschem Stolz bleiben Menschen im Alter oft für sich allein. Sie sollten jedoch selbst Schritte unternehmen, um Brücken zu anderen Mensch zu schlagen und sich vielleicht einer Gruppe anschließen. Auf diese Weise kann das Alter noch viel Freude und Erfüllung bringen.

Antwort Peseschkian

Der Umgang mit dem Alter in verschiedenen Kulturen

In westlichen Gesellschaften wird – anders als z. B. in einigen orientalischen Kulturen – das Altern eher als negativ empfunden. Das Ende der Berufstätigkeit, das Nachlassen der Energie, Krankheiten, soziale Isolierung und Hoffnungslosigkeit haben Einfluss auf das Lebensgefühl.
Durch Scheidung oder Tod von ihrem Partner getrennt, suchen die Menschen nach einem Lebensinhalt, der sie beschäftigt und bestätigt. Sie finden ihn mit auffälliger Regelmäßigkeit in zwei Bereichen: einmal durch »Flucht in die Krankheit«, wodurch zahlreiche Konsultationen bei verschiedenen Ärzten notwendig werden. Vermeintliche Störungen werden zum Vorwand genommen, Kontakt zumindest zu den Ärzten zu halten. Der zweite Punkt ist die Frage nach der »Gerechtigkeit«: Nachdem man sich jahrelang für die Kinder aufgeopfert hat, wird man nun nicht mehr gebraucht, kommt sich überflüssig vor. Unsere Beobachtungen zeigen, dass bei vielen älteren Menschen hierzulande in ihrer Jugend die Bereiche Leistung und Gesundheit im Mittelpunkt standen, während Kontakt und Phantasie (Sinnfragen) eher weniger entwickelt wurden. Generationsprobleme werden von daher verständlicher. Auch in den Argumenten für und wider die Einbeziehung älterer Menschen in die Familie spielen die Aktualfähigkeiten eine entscheidende Rolle.
Ältere Menschen benötigen in schwierigen Situationen eine Orientierungshilfe, die es ihnen ermöglicht, aus einer Sackgasse wieder herauszufinden. Als Orientierungshilfe, gewissermaßen als Kompromiss, kann das Modell der Positiven Psychotherapie dienen.
Praktisch sieht dies so aus, dass wir nach der Bedeutung fragen, die ein Symptom für einen alten Menschen und sein Umfeld hat,

und dabei auch die *positive* Bedeutung miterfassen: Welche positiven Aspekte hat dieses Alter? Was bedeutet für mich die Tatsache, dass ich älter werde? usw.

Merke

Die vier Bereiche einer Therapie entsprechen einem Reiter, der leistungsmotiviert (Leistung) einem Ziel zustrebt (Phantasie). Er braucht dazu ein gut gepflegtes Pferd (Körper) und für den Fall, dass dieses ihn einmal abwerfen sollte, Helfer, die ihn beim Aufsteigen unterstützen (Kontakt). Dies bedeutet, dass eine Therapie sich nicht nur mit einem Bereich, z. B. dem Reiter, beschäftigen kann, sondern alle beteiligten Bereiche berücksichtigen muss.

Viele werden alt im Leben,
weil sie in ihrem Leben vieles beim Alten lassen.

Frage 50:
Was kann für den Weltfrieden getan werden?

Geschichte: Einheit ernährt, Zwietracht verzehrt

Ein einfacher Mann begab sich zusammen mit 99 anderen auf eine Reise. Unterwegs wurden er und seine Mitreisenden von drei Dieben ausgeraubt. Als er nach Hause kam und das Abenteuer erzählte, wurde er gefragt, wie es kommen konnte, dass hundert Männer von drei Dieben besiegt werden konnten. Er antwortete: »Wir waren hundert Einzelne, und sie waren drei Verbündete.«

Antwort Battegay

Zur Ausbildung für nahezu alle Berufe ist eine Lehre oder ein Studium erforderlich – nur für Politiker scheint dies nicht vonnöten zu sein. Sie wissen meist kaum, was sich in der Gesellschaft tut. Es müsste deshalb, besonders in den Demokratien, Ausbildungsmöglichkeiten hierfür geben, damit künftige Politiker besser zwischen ihren eigenen Ambitionen und den erstrebenswerten Zielen für die Gesellschaft zu unterscheiden lernen. Auch das Bedürfnis der Menschen nach Gemeinschaft sollten Politiker zu erfüllen suchen. Auf Außenseiter wird leicht ein Feindbild projiziert, das dazu führt, dass dort der Ursprung aller Aggressionen gesehen wird, während tatsächlich die Feindseligkeit von Individuen ausgeht, die nur Gleiche um sich scharen wollen. Die Schulung einer objektiven Sichtweise wäre außerordentlich wünschenswert.

In einer Demokratie sollten möglichst alle Bürger die Verantwortung, die ihnen zufällt, übernehmen, damit nicht Einzelne unversehens ihre Machtfülle diktatorisch ausnutzen. Verantwortung sollten Bürger nicht von sich weisen. Lehnen sie Verantwortung jedoch ab, besteht die Gefahr, dass sie damit vielleicht Verantwortungslosen die Macht überlassen. Selbst eine Demokratie, die Volksabstimmungen kennt, ist nur dann wirklich demokratisch, wenn der Einzelne und relevante Gruppen am politischen Geschehen Interesse haben und zumindest an Wahlen und Abstimmungen teilnehmen. Auch eine Kontrolle der Regierenden ist unumgänglich.
Weltfrieden kann nur erreicht werden, wenn in möglichst allen Ländern für eine gründliche Ausbildung der Kinder und Jugendlichen gesorgt wird. Als Erwachsene werden sie sich dann nicht mehr so leicht in Kriege schicken lassen. Wer sich für den Weltfrieden einsetzen möchte, muss sich aber bewusst sein, dass dies wahrscheinlich eine sehr lange Zeit beansprucht, jedoch bitter nötig ist. Den Weltfrieden zu fördern, bedarf es auch der Prävention. Die UNO könnte etwa Austauschprogramme für Kinder und Jugendliche verschiedener Länder und Kulturkreise entwickeln; gegenseitiges Verständnis lässt neue Freundschaften entstehen. Erwachsene, die sich als Kinder und Jugendliche in solchen Austauschprogrammen kennen gelernt hätten, würden weniger Gefahr laufen, sich gegen andere Völker aufhetzen zu lassen.
Es gilt also, nicht nur auf drohende Gefahren oder bereits erfolgte politisch motivierte Gewaltakte zu reagieren, sondern bereits deren Entfesselung vorzubeugen. Wenn junge Menschen der verschiedensten Länder und Kulturen durch spezielle Programme Gelegenheit erhielten, sich gegenseitig kennen zu lernen, wäre dies eine echte Prävention, und die dafür aufgebrachten materiellen Mittel wären gut investiert.

Antwort Peseschkian

Der transkulturelle Ansatz bietet Hilfe zur Bewältigung von Problemen. Jeder einzelne Mensch sowie Politik, Wissenschaft, Religion können ihren Beitrag zum Weltfrieden leisten.
Zunächst zwei Zitate:
Albert Einstein: »Der Mensch ist ein Teil des Ganzen, das wir Universum nennen, ein in Raum und Zeit begrenzter Teil. Er erfährt sich selbst, seine Gedanken und Gefühle als abgetrennt von allem anderen – eine Art optische Täuschung des Bewusstseins. Diese Täuschung ist für uns eine Art Gefängnis, das uns auf unsere eigenen Vorlieben und auf die Zuneigung zu wenigen uns Nahestehenden beschränkt. Unser Ziel muss es sein, uns aus diesem Gefängnis zu befreien, indem wir den Horizont unseres Mitgefühls erweitern, bis er alle lebenden Wesen und die gesamte Natur umfasst.«
Dostojewski: »Die Erde ist wie ein Paradies, zu dem wir den Schlüssel verloren haben.«
Was liegt näher, als den Schlüssel zu suchen? Da jeder Mensch in einem Beziehungsgefüge lebt und alles mit allem vernetzt ist, haben bereits kleine Veränderungen in einem Lebensbereich Auswirkungen auf das Gesamtsystem. Im Sinne von Konfuzius ist jeder Mensch für Auf- und Abstieg der Menschheit verantwortlich.
Nach dem Sinn des menschlichen Lebens zu fragen heißt auch, nach seinem Ursprung und seinem Ziel zu fragen, nach dem Wesen des Menschen. Ist er gut oder böse? Ist er in seinen Entscheidungen frei?
Gibt es eine Erfüllung für seine Sehnsucht nach Glück? Hat der einzelne Einfluss auf das Schicksal der Menschheit?

Eigene Erfahrungen sind teuer.
Fremde Erfahrungen kostbar.

Motivation für den Ansatz der Positiven Psychotherapie war meine eigene transkulturelle Situation. Als Perser (Iraner) lebe ich seit 1954 in Europa. Schon früh ist mir aufgefallen, dass beide Kulturkreise unterschiedlich bewertet werden.
Erfahrungen mit Vorurteilen konnte ich bereits während meiner Kindheit in Teheran machen, dies betraf Vorurteile vor allem religiöser Art. Als Baha'i stand meine Familie immer wieder im Spannungsfeld zwischen unseren islamischen, christlichen und jüdischen Mitschülern und Lehrern. Dies regte mich an, über die verschiedenen Religionen und die Unterschiedlichkeit der Menschen nachzudenken. Ich erlebte die Familien meiner andersgläubigen Mitschüler und lernte, sie zu verstehen. Während meiner fachärztlichen Weiterbildung erlebte ich, wie gespannt das Verhältnis zwischen Psychiatern, Neurologen, Internisten und Psychotherapeuten sein kann und mit welcher Vehemenz verschiedene Auffassungen aufeinander prallten.
Diese Erfahrungen und Überlegungen führten zu der Erkenntnis, den Menschen nicht nur als isoliertes Einzelwesen zu begreifen, sondern auch seine Beziehung zu den Mitmenschen und seine transkulturelle Situation zu berücksichtigen, weil diese ihn zu dem machen, was er ist.
Der transkulturelle Ansatz bietet nicht nur Material zum Verständnis individueller Konflikte, sondern er hat darüber hinaus auch eine außerordentliche soziale Bedeutung. Er hilft bei Gastarbeiterproblemen, Schwierigkeiten im Umgang mit Personen anderer Kulturen, Problemen transkultureller Ehen, Vorurteilen und deren Bewältigung und bietet Alternativmodelle an, die einem anderen kulturellen Rahmen entstammen.
Für zwischenmenschliche Beziehungen heißt das, durch die Re-

lativierung der eigenen Werthaltungen Vorurteile in Frage zu stellen, Fixierungen zu lösen und Kommunikationsblockaden aufzuheben.

Durch Eintracht wachsen Kleinigkeiten,
durch Zwietracht werden oft die größten Dinge vernichtet.

Dialog der Kulturen statt Kampf der Kulturen

Vorurteile lassen das Fremde oftmals als etwas Aggressives, Bedrohliches erscheinen, welches Abwehr produziert, wo zunächst Verständnis am Platz wäre. Tatsache ist, dass Kommunikation heutzutage weltweit in einer Krise ist. Wir bemerken fehlende eheliche Kommunikation, Familien leiden unter nahezu fehlender oder oberflächlicher Art der Kommunikation; die Beziehung zwischen Regierungen ist geprägt von gegenseitigem Misstrauen. Aber die Mehrzahl der Menschen befürwortet den Weltfrieden. Sie sind aber skeptisch gegenüber der Verwirklichung dieser Idee, teils sogar misstrauisch und voll innerer Abwehr.

Wenn wieder einmal ein Weltkrieg droht, nennen wir die Krise »politisch« und strengen uns an, sie mit Mitteln der Staatsmacht zu beherrschen. Spitzt sich eine wirtschaftliche Krise zu, versuchen wir ihrer mit ökonomischen Mitteln Herr zu werden. Es wäre genauso logisch, die Krise »religiös« zu nennen und eine Lösung von der Religion zu erhoffen. In Wirklichkeit ist die Krise gleichzeitig politisch, wirtschaftlich, psychologisch, medizinisch, wissenschaftlich und religiös; aber die Menschheit verfügt über kein Allheilmittel, das alle Faktoren aufeinander abstimmen und einen weltweiten Plan dazu entwerfen könnte. Viele Menschen sind hierüber ratlos.

Welchen Beitrag kann der Einzelne leisten?

Wenn wir fragen, woher ein Mensch seine Eigenarten, Ansichten und Werturteile hat, kommen wir wahrscheinlich auf seine Familie zu sprechen. Die Kontinuität der Gesellschaft erhält sich über die Spielregeln, die ein Individuum in der Familie erworben hat, und über gemeinsame Werte. In diesem Spannungsfeld steht der einzelne Mensch. Er kann zwischen den Mühlsteinen miteinander konkurrierender Systeme zermahlen werden, wenn er sich nicht mit einem bestimmten identifizieren kann. Ist er dazu jedoch in der Lage, gehört er dazu und muss sich den Regeln beugen. Er übernimmt damit Verantwortung für sein Schicksal. Auf der anderen Seite sollte die Emotionalität eines Menschen nicht zu kurz kommen.

Keine Zukunft vermag gutzumachen, was in der Gegenwart versäumt wird. (Albert Schweitzer)

Alle Menschen wurden erschaffen, eine fortschreitende Kultur voranzutreiben. (Aus Baha'i-Schriften)

Die Suche der Menschen nach einer neuen, gültigen Orientierung bringt wiederum eine Wechselbeziehung von Ursache und Wirkung mit sich. Das kulturell, gesellschaftlich, politisch und religiös enttäuschte Individuum, das ins Private flüchtet, multipliziert durch diese Verhaltensweise wiederum die kollektiven Probleme.

Merke

Es zeigt sich, dass keines dieser kulturellen Systeme, keine dieser Lebensformen für sich gut ist. Ihre Qualitäten erweisen sich erst darin, wie die Menschen sie für sich nutzen und inwieweit ihre Spielregeln eine konstruktive Auseinandersetzung mit fremden Kulturen zulassen. Es gibt so manches, was Angehörige der verschiedenen Kulturen voneinander lernen könnten – und wenn es nur das wäre, dass sie einander *verstehen* lernten.

Denkst Du an ein Jahr, säe ein Korn!
Denkst Du an ein Jahrzehnt, pflanze einen Baum!
Denkst Du an ein Jahrhundert, erziehe einen Menschen!
(Orientalische Weisheit)

Der Tropfen weint: »Wie bin vom Meer ich weit!«
Das Weltmeer lacht: »Vergeblich ist dein Leid!«
Sind wir doch alle eins, sind alle Gott
uns trennt je nur das winzige Pünktchen Zeit!«
(Omar Khayam; persischer Dichter)

Das Leben

... ist eine Chance, nutze sie.
... ist Seligkeit, genieße sie.
... ist eine Herausforderung, stelle dich ihr.
... ist ein Spiel, spiele es.
... ist Reichtum, bewahre ihn.
... ist ein Rätsel, durchdringe es.
... ist eine Hymne, singe sie.
... ist eine Tragödie, ringe mit ihr.
... ist Glück, verdiene es.
... ist Schönheit, bewundere sie.
... ist ein Traum, mach daraus Wirklichkeit.
... ist eine Pflicht, erfülle sie.
... ist kostbar, geh sorgfältig damit um.
... ist Liebe, erfreue dich an ihr.
... ist Traurigkeit, überwinde sie.
... ist ein Kampf, akzeptiere ihn.
... ist ein Abenteuer, wage es.
... ist das Leben, verteidige es.

(Mutter Theresa)

Rayond Battegay (links); *Nossrat Peseschkian* (rechts)

LITERATURVERZEICHNIS

Battegay, Raymond (1991): Depression. Psychische und soziale Dimension, Therapie: Huber. Bern Stuttgart/Wien, 3. Aufl.

Battegay, Raymond (1991): Narzißmus und Objektbeziehungen, Huber, Bern/Stuttgart/Toronto. (3. Aufl.)

Battegay, Raymond (1991): The Hunger Diseases. Hogrefe & Huber, Toronto/Lewiston/Bern/Göttingen/Frankfurt am Main

Battegay, Raymond (1992): Grenzsituationen. Fischer Taschenbuch Verlag, Frankfurt am Main

Battegay, Raymond (1994): Psychoanalytische Neurosenlehre. Eine Einführung: Fischer Taschenbuch Verlag, Frankfurt am Main

Battegay, Raymond (1996): Angst und Sein. Wötzel, Frankfurt am Main, (3. Aufl.)

Battegay, Raymond (2000): Das Alter als Chance zur Erweiterung des Horizontes; in: Zahn, L. (Hg.): Studieren im späteren Leben. XIX. Int. AIUTA-Kongress 1998 der Seniorenuniversitäten, Beltz, Weinheim

Battegay, Raymond (2005): Grenzstationen: Kreuz, Stuttgart

Benedetti, Gaetano (1998): Todeslandschaften der Seele. Göttingen (5. Aufl.)

Frankenberger, Ernst (1985): Gottesbekenntnisse großer Naturforscher, Johannes-Verlag. Leutesdorf (13. Aufl.)

Boessmann, Udo/Peseschkian, Nossrat (1995): Positive Ordnungstherapie. Gebrauchsanleitung für die ganzheitsmedizinische Praxis, Stuttgart

Peseschkian, Nossrat (1977): Psychotherapie des Alltagslebens. Konfliktlösung und Selbsthilfe. Fischer Taschenbuch Verlag, Frankfurt am Main (12. Aufl. 2005)

Peseschkian, Nossrat (1977): Positive Psychotherapie. Fischer Taschenbuch Verlag. Frankfurt am Main (7. Aufl. 2004)

Peseschkian, Nossrat (1979): Der Kaufmann und der Papagei. Fischer Taschenbuch Verlag, Frankfurt am Main (28. Aufl. 2006)

Peseschkian, Nossrat (1980): Positive Familientherapie. Aus der Praxis einer Behandlungsmethode. Fischer Taschenbuch Verlag. Frankfurt am Main (6. Aufl. 2003)

Peseschkian, Nossrat (1983): Auf der Suche nach Sinn. Fischer Taschenbuch Verlag, Frankfurt am Main (13. Aufl. 2006)

Peseschkian, Nossrat (1988): 33 und eine Form der Partnerschaft. Fischer Taschenbuch Verlag, Frankfurt am Main (12. Aufl. 2004)

Peseschkian, Nossrat (1993): Psychosomatik und Positive Psychotherapie. Fischer Taschenbuch Verlag, Frankfurt am Main (6. Aufl. 2005)

Peseschkian, Nossrat (zus. mit Udo Boessmann) (1998): Angst und Depression im Alltag. Eine Anleitung zu Selbsthilfe und Psychotherapie. Fischer Taschenbuch Verlag, Frankfurt am Main (5. Aufl. 2003)

Peseschkian, Nossrat (1999): Das Geheimnis des Samenkorns. Positive Stressbewältigung. Fischer Taschenbuch Verlag, Frankfurt am Main (3. Aufl. 2005)

Peseschkian, Nossrat (2002): Der nackte Kaiser oder: Wie man die Seele der Kinder und Jugendlichen versteht und heilt. Fischer Taschenbuch Verlag, Frankfurt am Main (2. Aufl. 2005)

Peseschkian, Nossrat (2004): Das Leben ist ein Paradies, zu dem wir den Schlüssel finden können, Herder, Freiburg

Peseschkian, Nossrat (2004): Wenn man etwas haben will, was

man noch nicht gehabt hat, muss man etwas tun, was man noch nie getan hat. Herder, Freiburg (9. Aufl.)

Peseschkian, Nossrat (2005): Was haben Sie auf dem Herzen? Trias Verlag, Stuttgart

Peseschkian, Nossrat (2005): Steter Tropfen höhlt den Stein. Mikrotraumen – Das Drama der kleinen Verletzungen. Fischer Taschenbuch Verlag, Frankfurt am Main